नेपाली भाषा नै हाम्रो पहिचान हो ।

यो अभ्यास पुस्तक लिनु भएकोमा हजुरलाई धेरै धेरै धन्यवाद, तपाईंले आफ्नो बच्चाको भविष्यको लागि सही निर्णय गर्नुभयो ।

यो एक नेपाली अक्षर अभ्यास पुस्तक जस्ले तपाइँको बच्चालाई नेपाली वर्णमालाका व्यञ्जन वर्ण, स्वर वर्ण र संख्या सिक्न मद्दत गर्दछ।

प्रत्येक पृष्ठ बिन्दु रेखाले भरिएको भएकाले बच्चाहरूलाई अक्षर र संख्या ट्रेसिंग अभ्यास गर्न सजिलो बनाउँदछ ।

प्रत्येक पृष्ठको शीर्षमा रमाईलो दृष्टान्त हुनेछ जस्ले तपाइँको बच्चाहरुलाई छिटो अक्षर र संख्या याद गर्न अनि सिक्न मद्दत मिल्नेछ।

यो पुस्तक तपाईंको बच्चाको लागि नेपाली वर्णमालाको सही परिचय हो।

धन्यवाद !

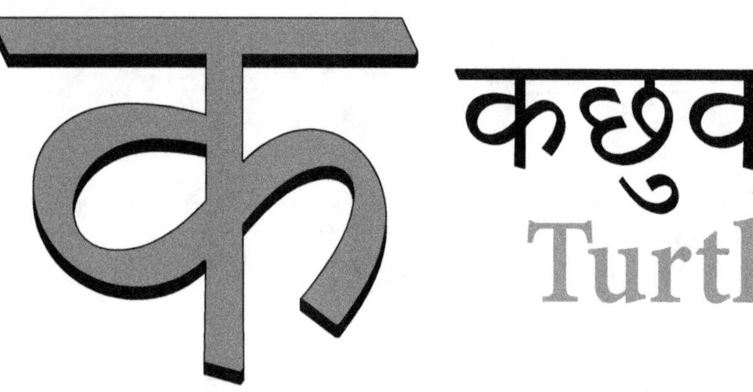

क

कछुवा
Turtle

| क | ख | ग | घ | ङ | च | छ | ज | झ | अ | ट | ठ | ड | ढ | ण | त | थ | द | ध | न | प | फ | ब | भ | म | य | र | ल | व | श | ष | स | ह | ऋ | त्र | ज्ञ |

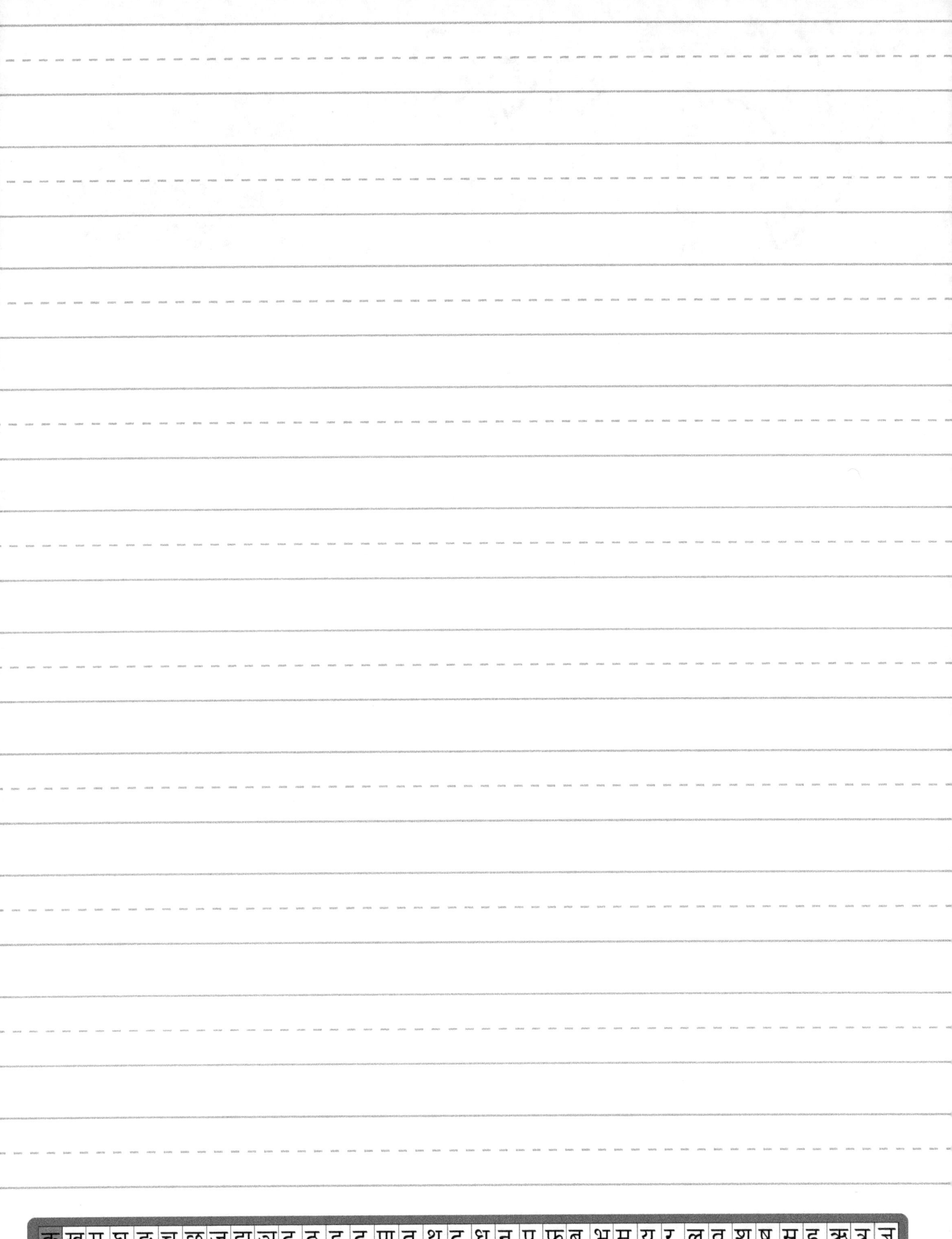

क ख ग घ ङ च छ ज झ ञ ट ठ ड ढ ण त थ द ध न प फ ब भ म य र ल व श ष स ह क्ष त्र ज्ञ

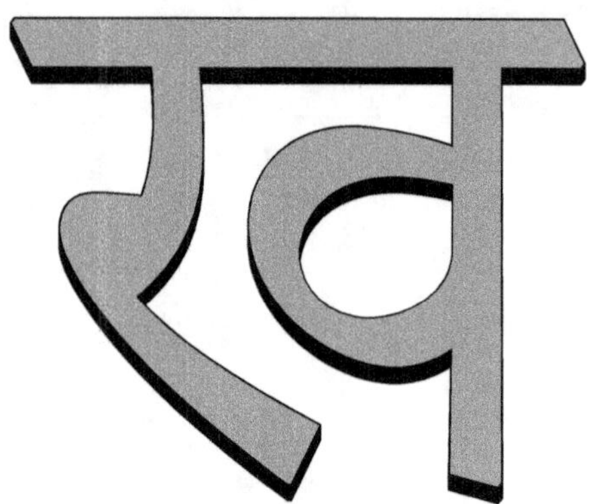

ख

खरायो
Rabbit

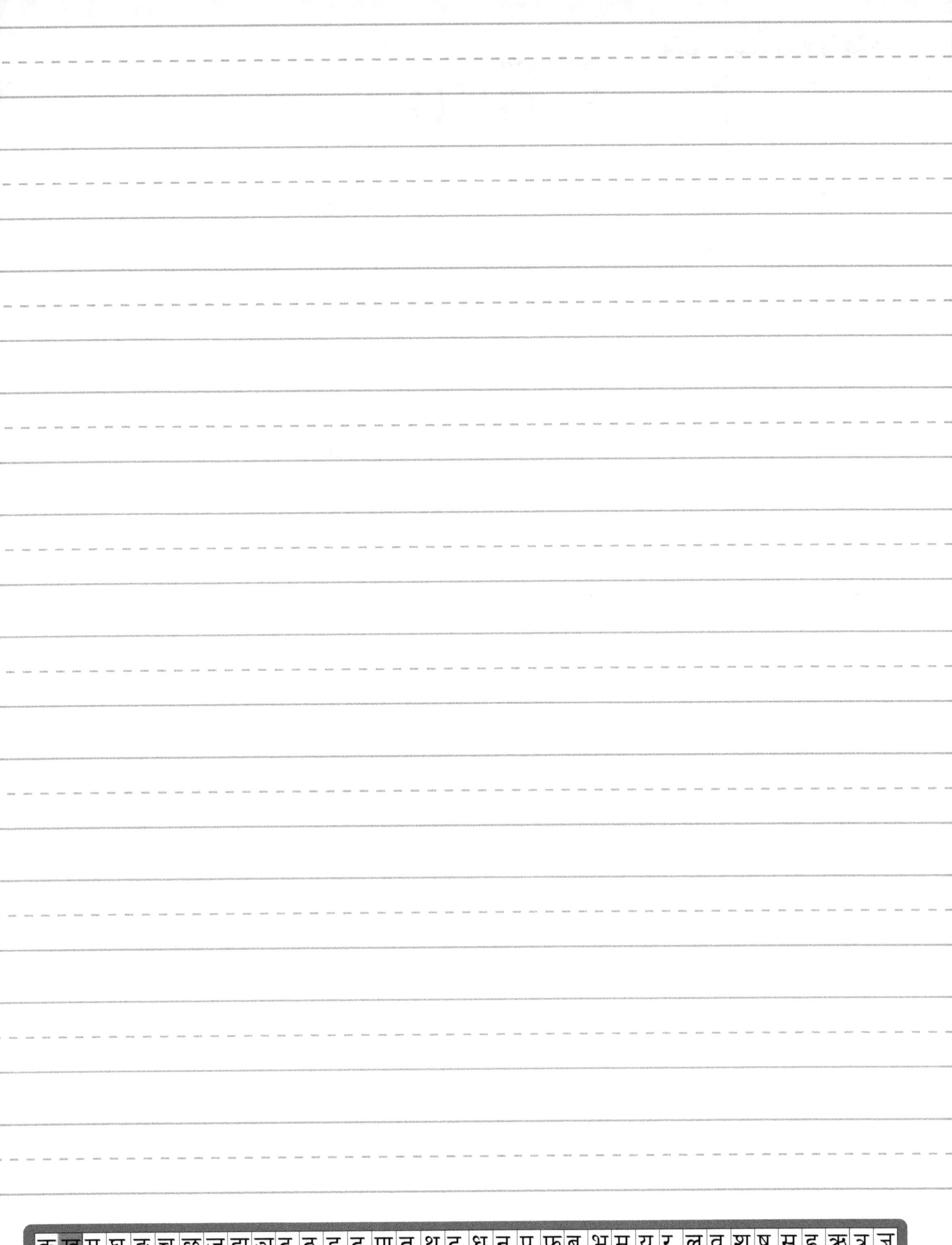

क ख ग घ ङ च छ ज झ ञ ट ठ ड ढ ण त थ द ध न प फ ब भ म य र ल व श ष स ह क्ष त्र ज्ञ

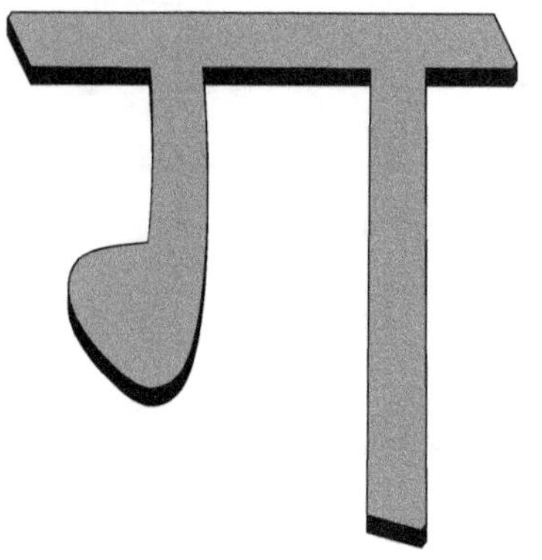 ग

गमला
Flowerpot

क ख ग घ ङ च छ ज झ ञ ट ठ ड ढ ण त थ द ध न प फ ब भ म य र ल व श ष स ह क्ष त्र ज्ञ

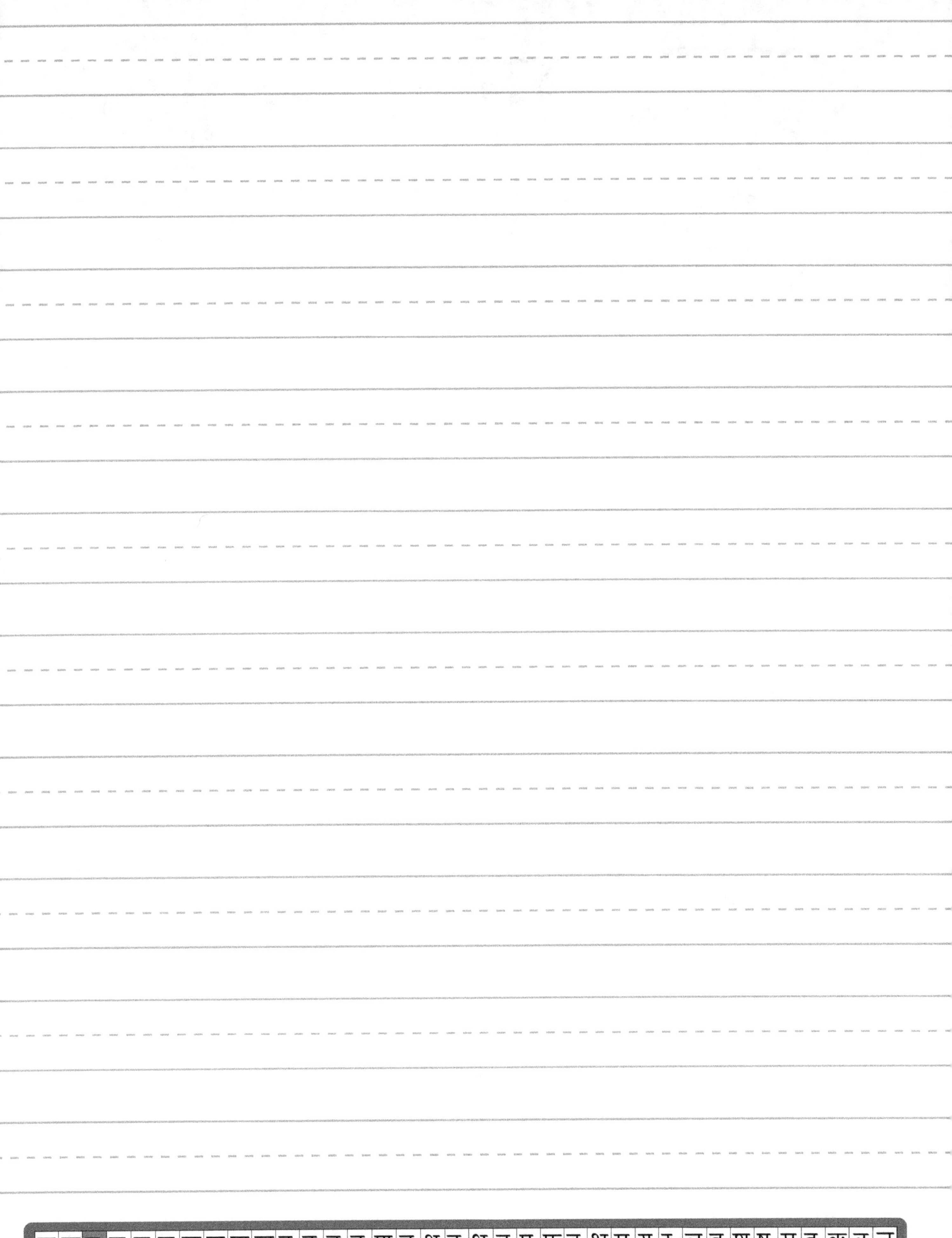

क ख ग घ ङ च छ ज झ ञ ट ठ ड ढ ण त थ द ध न प फ ब भ म य र ल व श ष स ह क्ष त्र ज्ञ

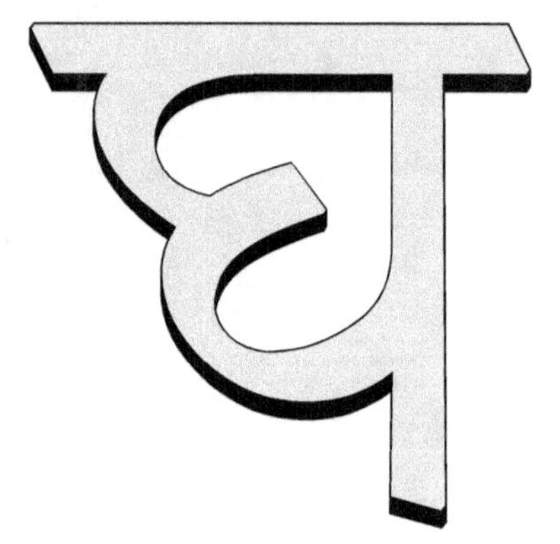

घर
House

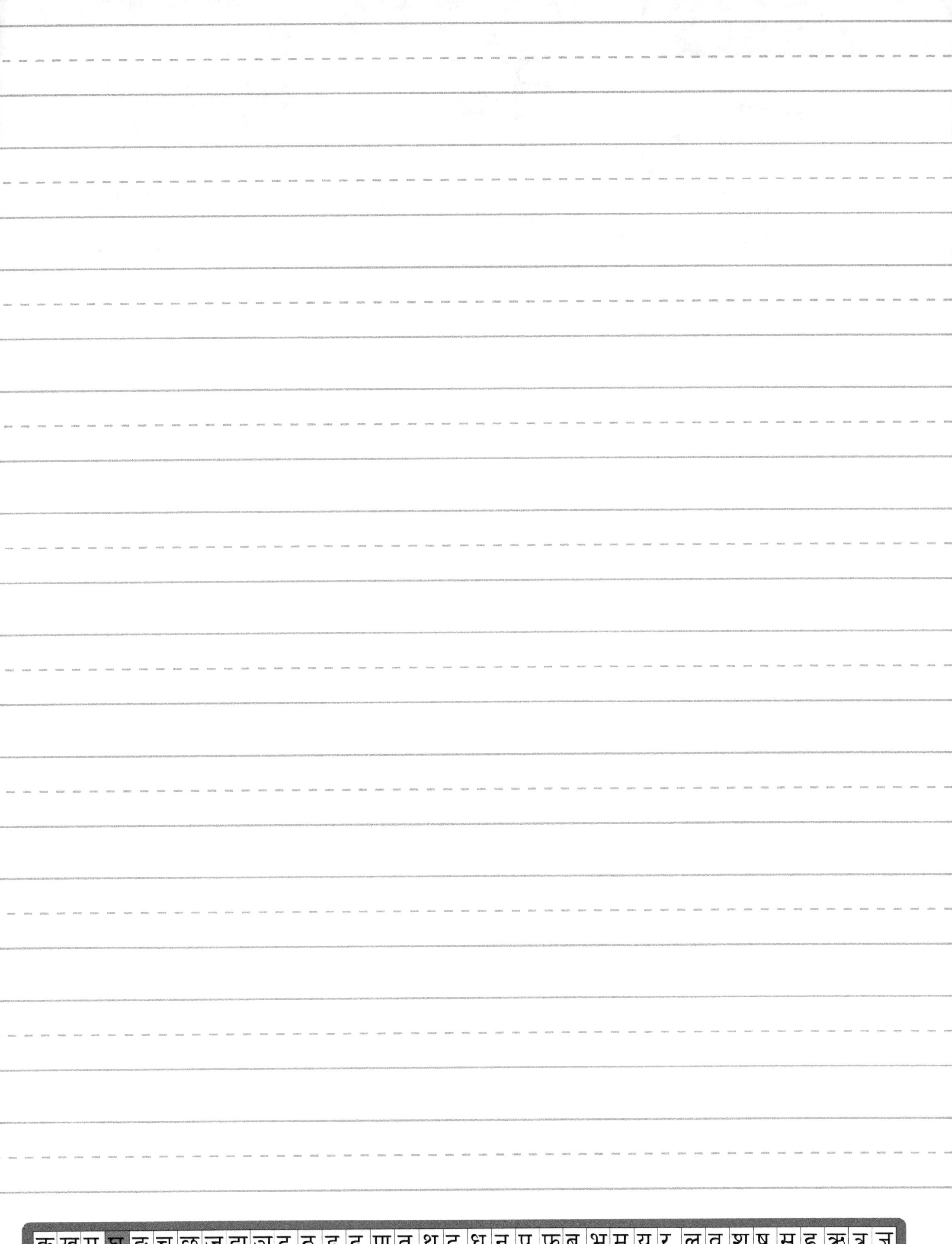

क ख ग घ ङ च छ ज झ अट ठ ड ढ ण त थ द ध न प फ ब भ म य र ल व श ष स ह क्ष त्र ज्ञ

ङ

क ख ग घ ङ च छ ज झ ट ठ ड ढ ण त थ द ध न प फ ब भ म य र ल व श ष स ह क्ष त्र ज्ञ

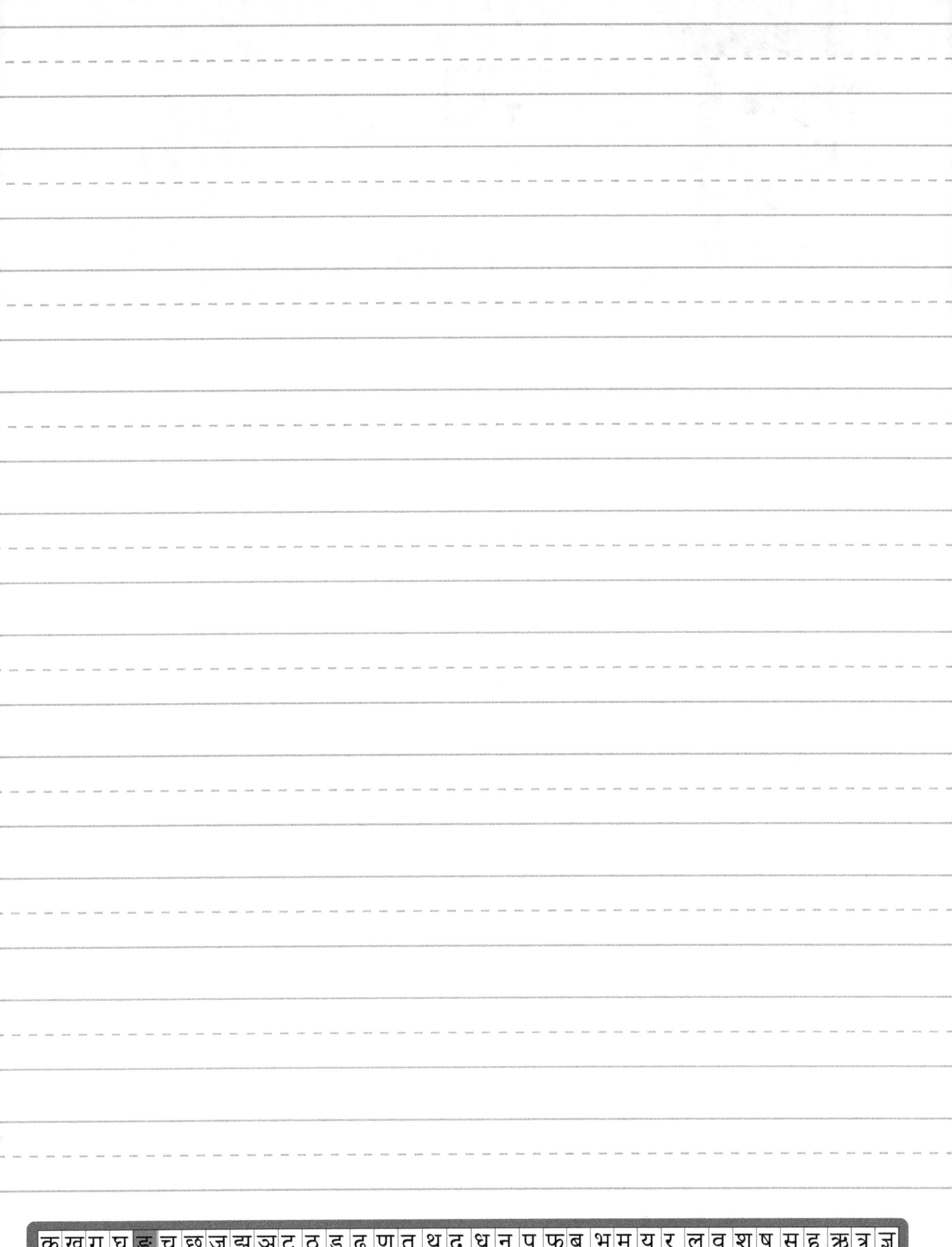

क ख ग घ ङ च छ ज झ ञ ट ठ ड ढ ण त थ द ध न प फ ब भ म य र ल व श ष स ह क्ष त्र ज्ञ

च

चरा
Bird

| क | ख | ग | घ | ङ | च | छ | ज | झ | ञ | ट | ठ | ड | ढ | ण | त | थ | द | ध | न | प | फ | ब | भ | म | य | र | ल | व | श | ष | स | ह | क्ष | त्र | ज्ञ |

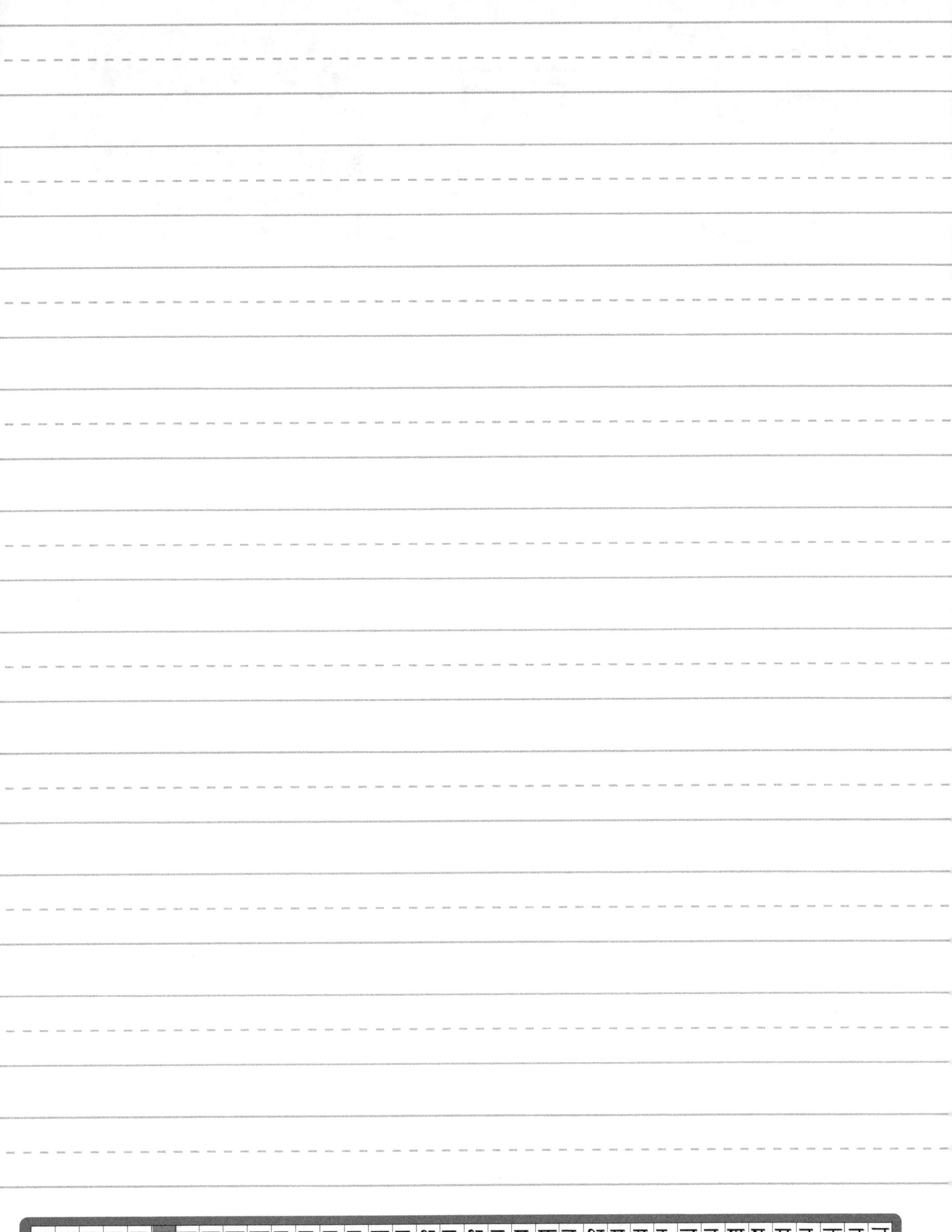

क ख ग घ ङ च छ ज झ ञ ट ठ ड ढ ण त थ द् ध न प फ ब भ म य र ल व श ष स ह क्ष त्र ज्ञ

छ

छत
Roof

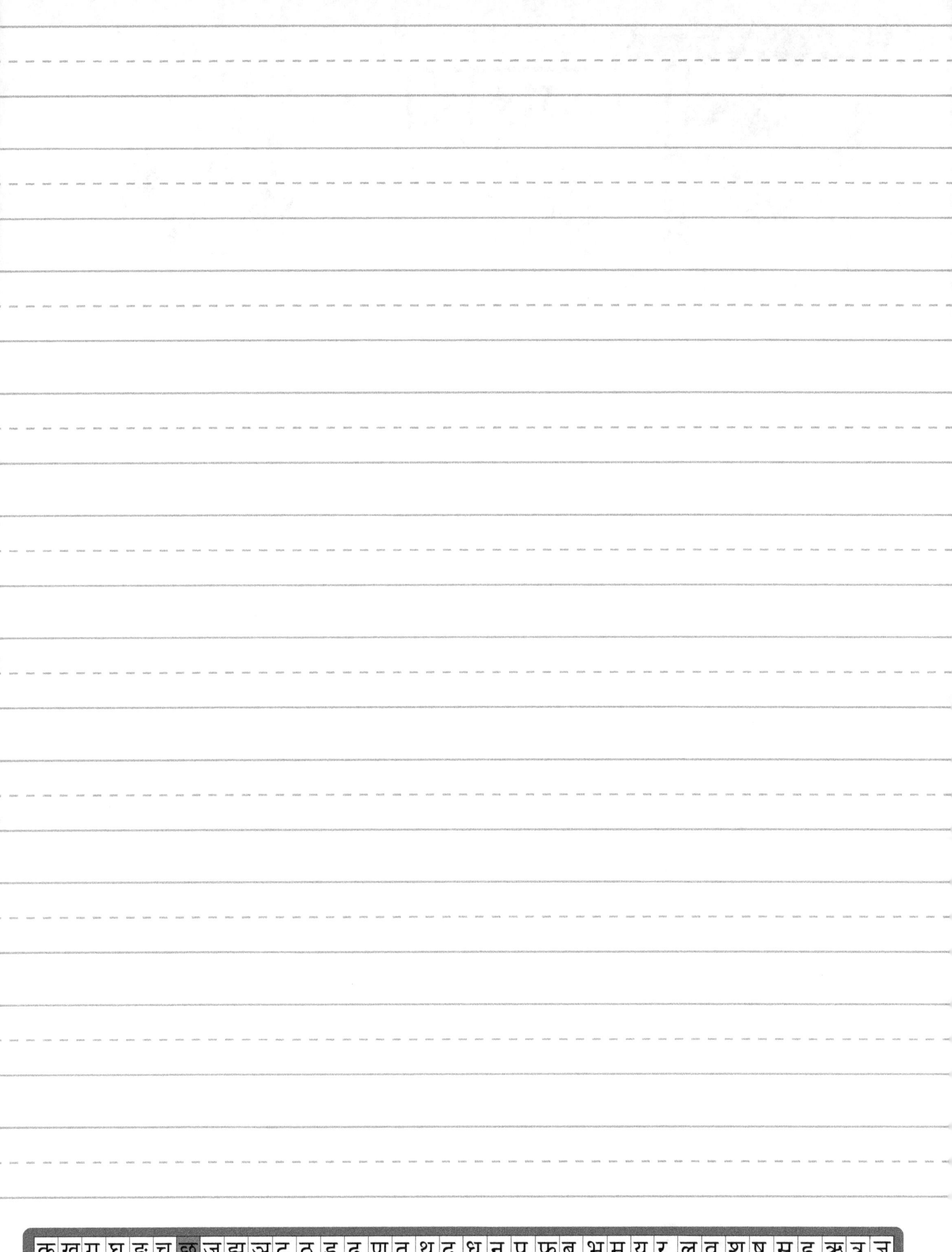

क ख ग घ ङ च छ ज झ ञ ट ठ ड ढ ण त थ द ध न प फ ब भ म य र ल व श ष स ह ऋ त्र ज्ञ

ज

जमरा
Sprouts

क	ख	ग	घ	ङ	च	छ	ज	झ	ञ	ट	ठ	ड	ढ	ण	त	थ	द	ध	न	प	फ	ब	भ	म	य	र	ल	व	श	ष	स	ह	क्ष	त्र	ज्ञ

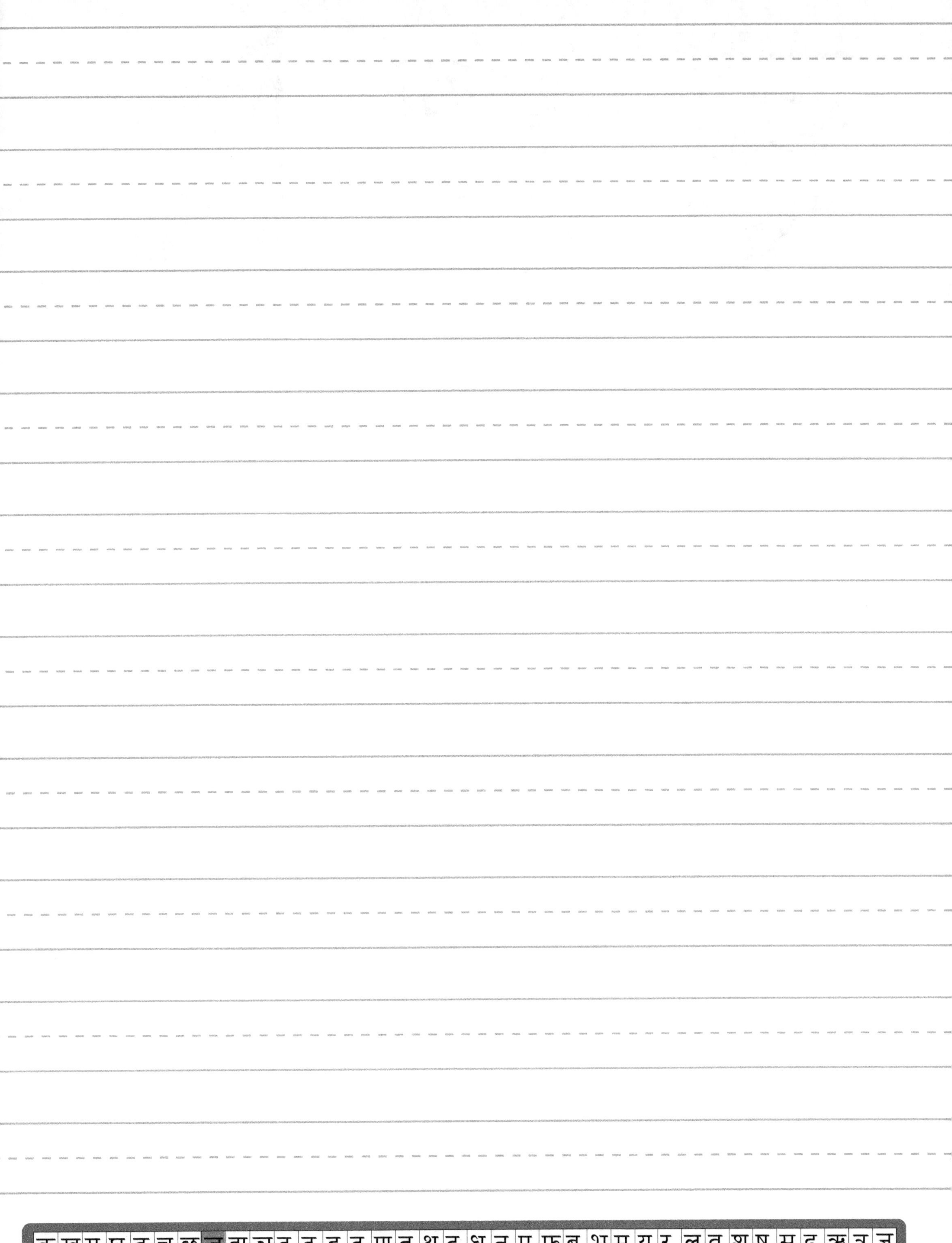

क ख ग घ ङ च छ ज झ ञ ट ठ ड ढ ण त थ द ध न प फ ब भ म य र ल व श ष स ह क्ष त्र ज्ञ

झण्डा
Flag

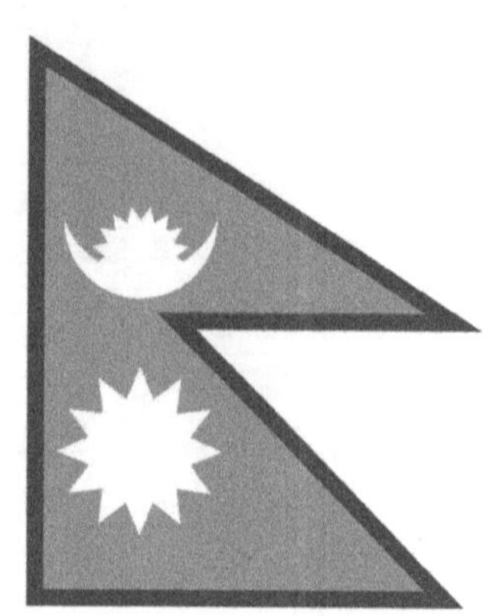

क ख ग घ ङ च छ ज झ ञ ट ठ ड ढ ण त थ द ध न प फ ब भ म य र ल व श ष स ह क्ष त्र ज्ञ

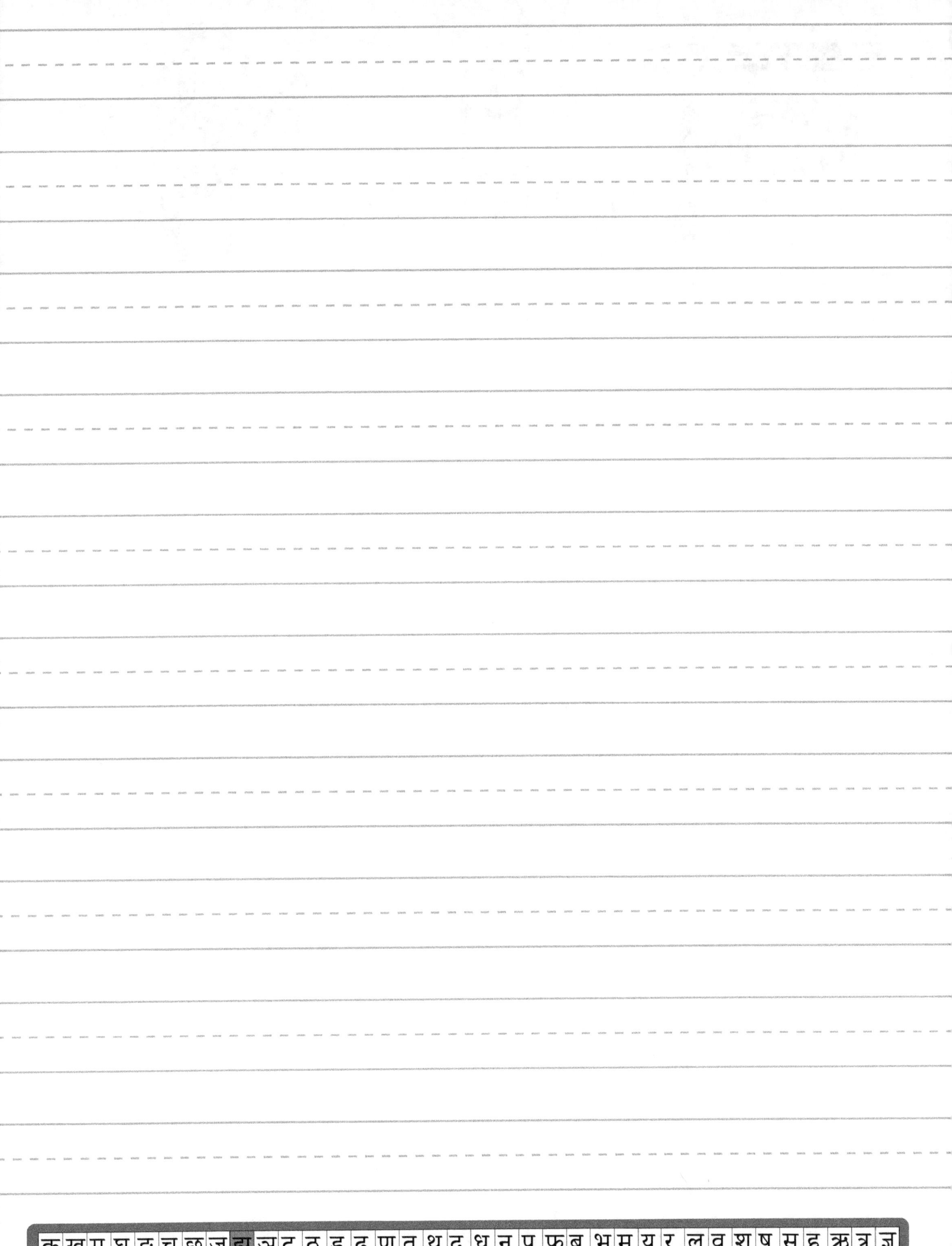

क ख ग घ ङ च छ ज झ ञ ट ठ ड ढ ण त थ द ध न प फ ब भ म य र ल व श ष स ह क्ष त्र ज्ञ

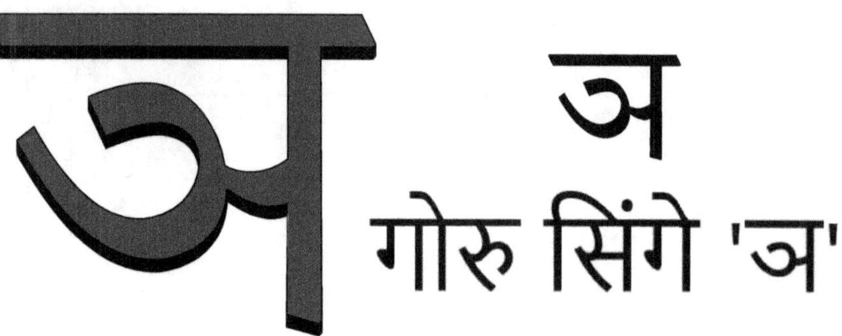

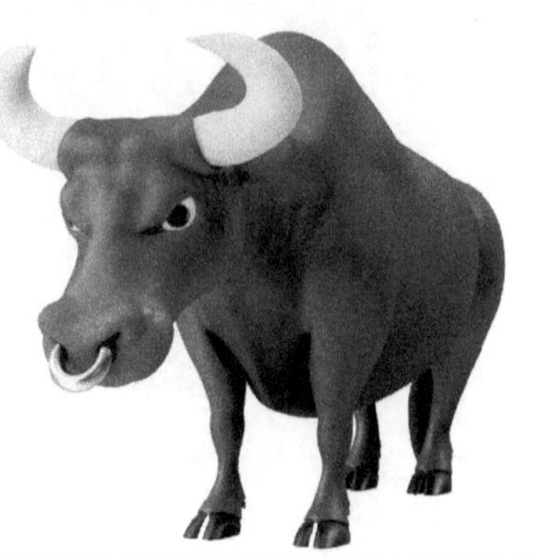

ञ

ञ
गोरु सिंगे 'ञ'

ञ ञ ञ ञ ञ ञ ञ ञ
ञ ञ ञ ञ ञ ञ ञ ञ
ञ ञ ञ ञ ञ ञ ञ ञ
ञ ञ ञ ञ ञ ञ ञ ञ
ञ ञ ञ ञ ञ ञ ञ ञ
ञ ञ ञ ञ ञ ञ ञ ञ
ञ ञ ञ ञ ञ ञ ञ ञ
ञ ञ ञ ञ ञ ञ ञ ञ

क	ख	ग	घ	ङ	च	छ	ज	झ	ञ	ट	ठ	ड	ढ	ण	त	थ	द	ध	न	प	फ	ब	भ	म	य	र	ल	व	श	ष	स	ह	क्ष	त्र	ज्ञ

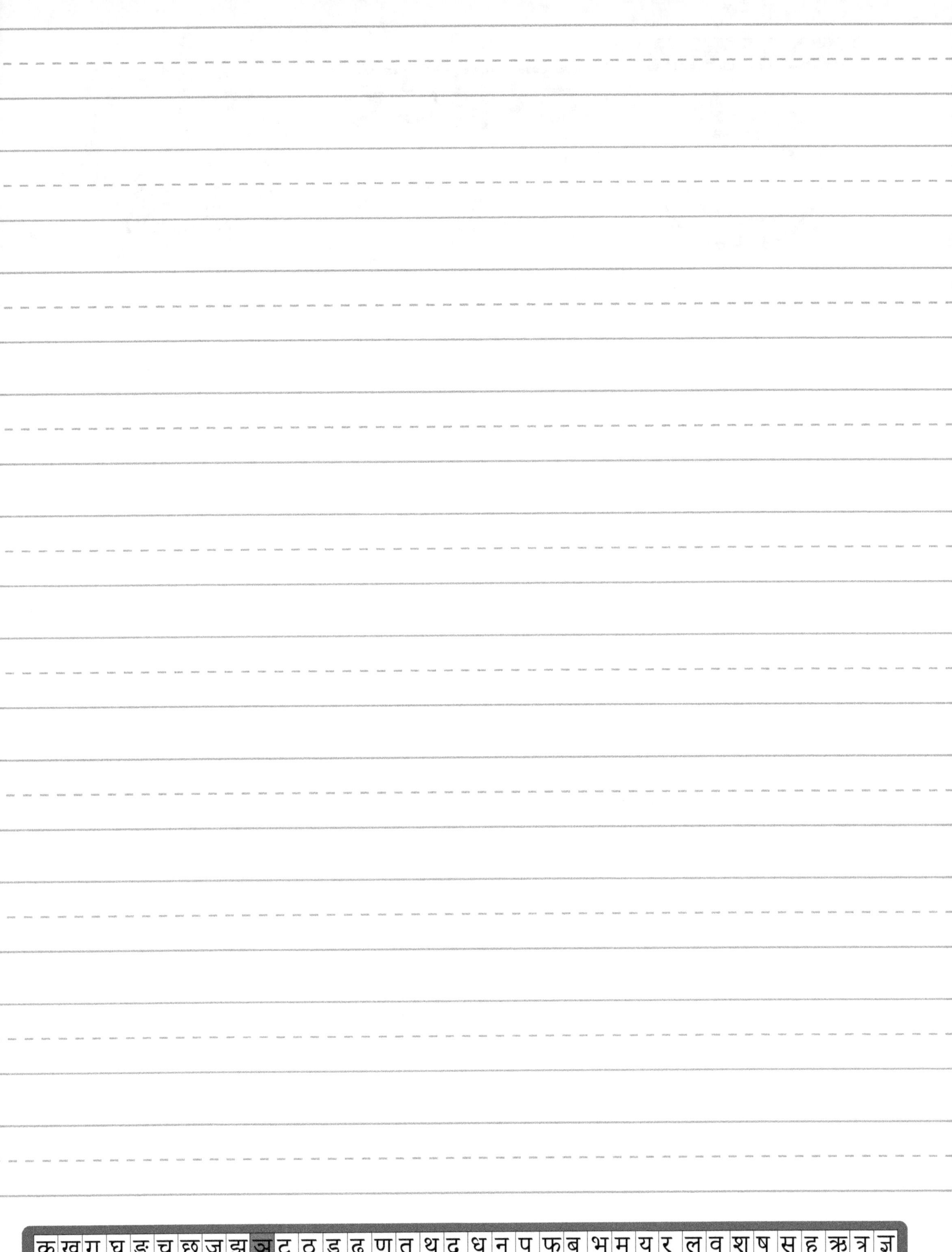

क ख ग घ ङ च छ ज झ अ ट ठ ड ढ ण त थ द ध न प फ ब भ म य र ल व श ष स ह ऋ त्र ज्ञ

# ट

टमाटर
Tomatoes

क ख ग घ ङ च छ ज झ अ ट ठ ड ढ ण त थ द ध न प फ ब भ म य र ल व श ष स ह क्ष त्र ज्ञ

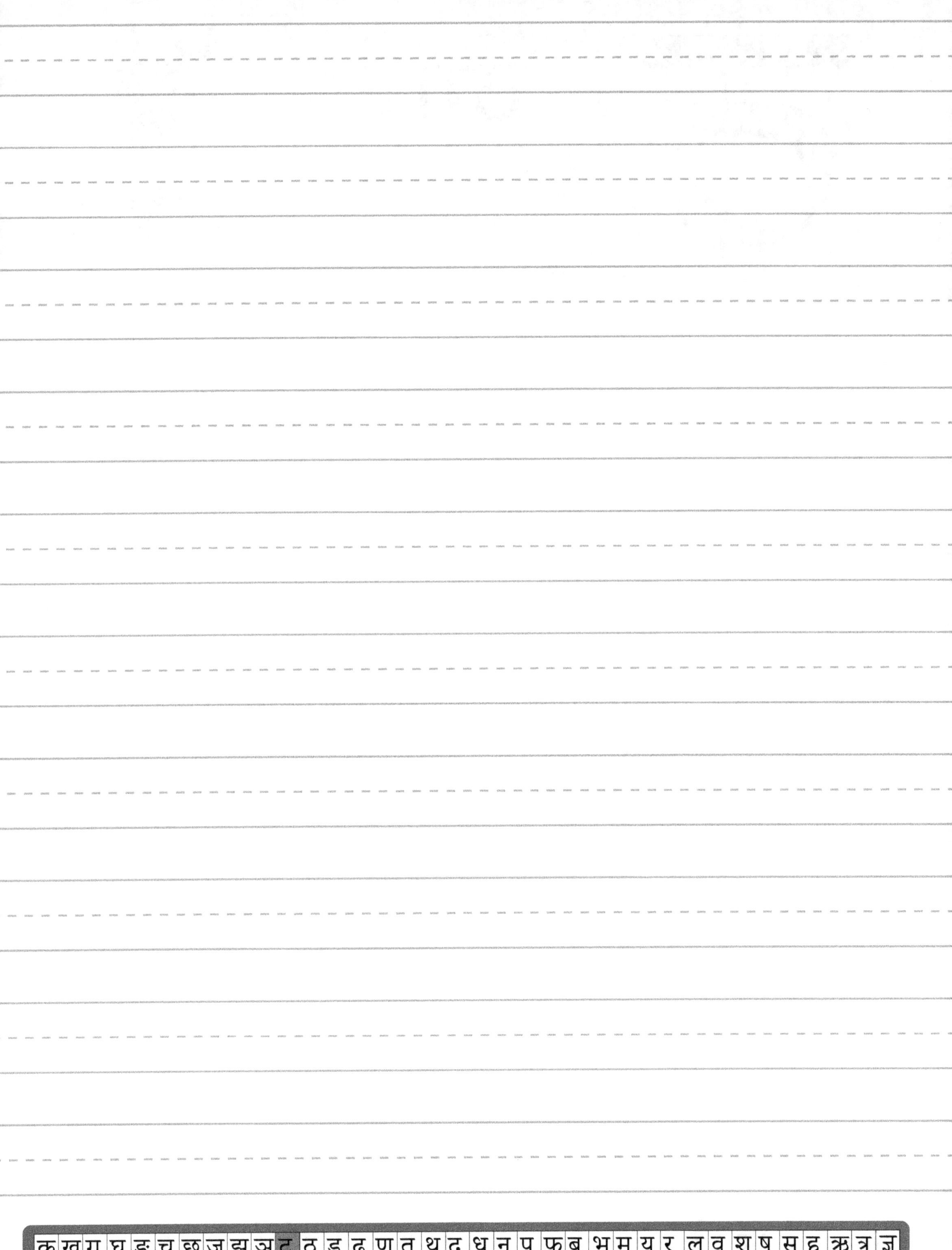

क ख ग घ ङ च छ ज झ ञ ट ठ ड ढ ण त थ द ध न प फ ब भ म य र ल व श ष स ह क्ष त्र ज्ञ

ठ

ठग
Cheater

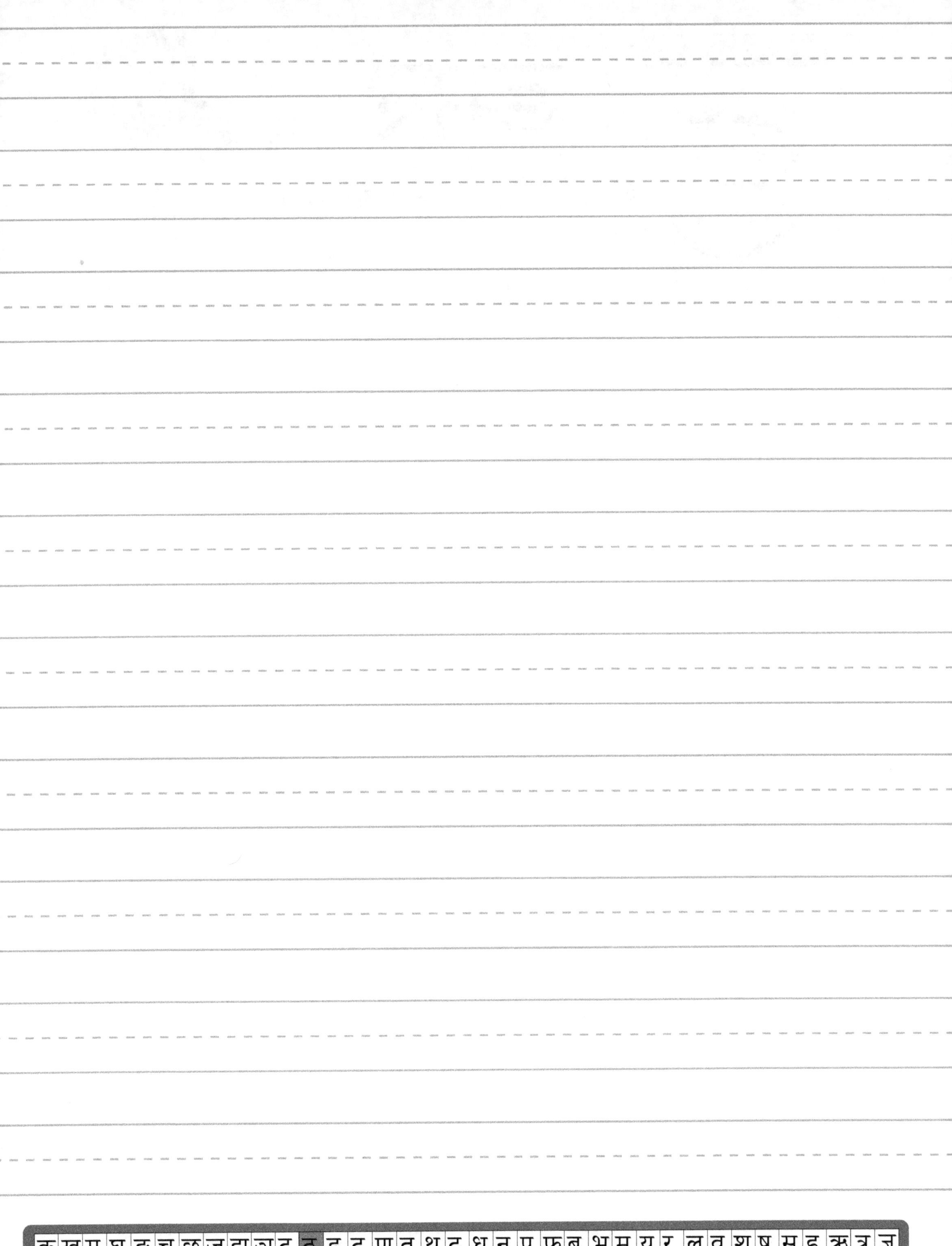

क ख ग घ ङ च छ ज झ ञ ट ठ ड ढ ण त थ द ध न प फ ब भ म य र ल व श ष स ह क्ष त्र ज्ञ

ड
डमरु
Pellet Drum

क ख ग घ ङ च छ ज झ ञ ट ठ ड ढ ण त थ द ध न प फ ब भ म य र ल व श ष स ह क्ष त्र ज्ञ

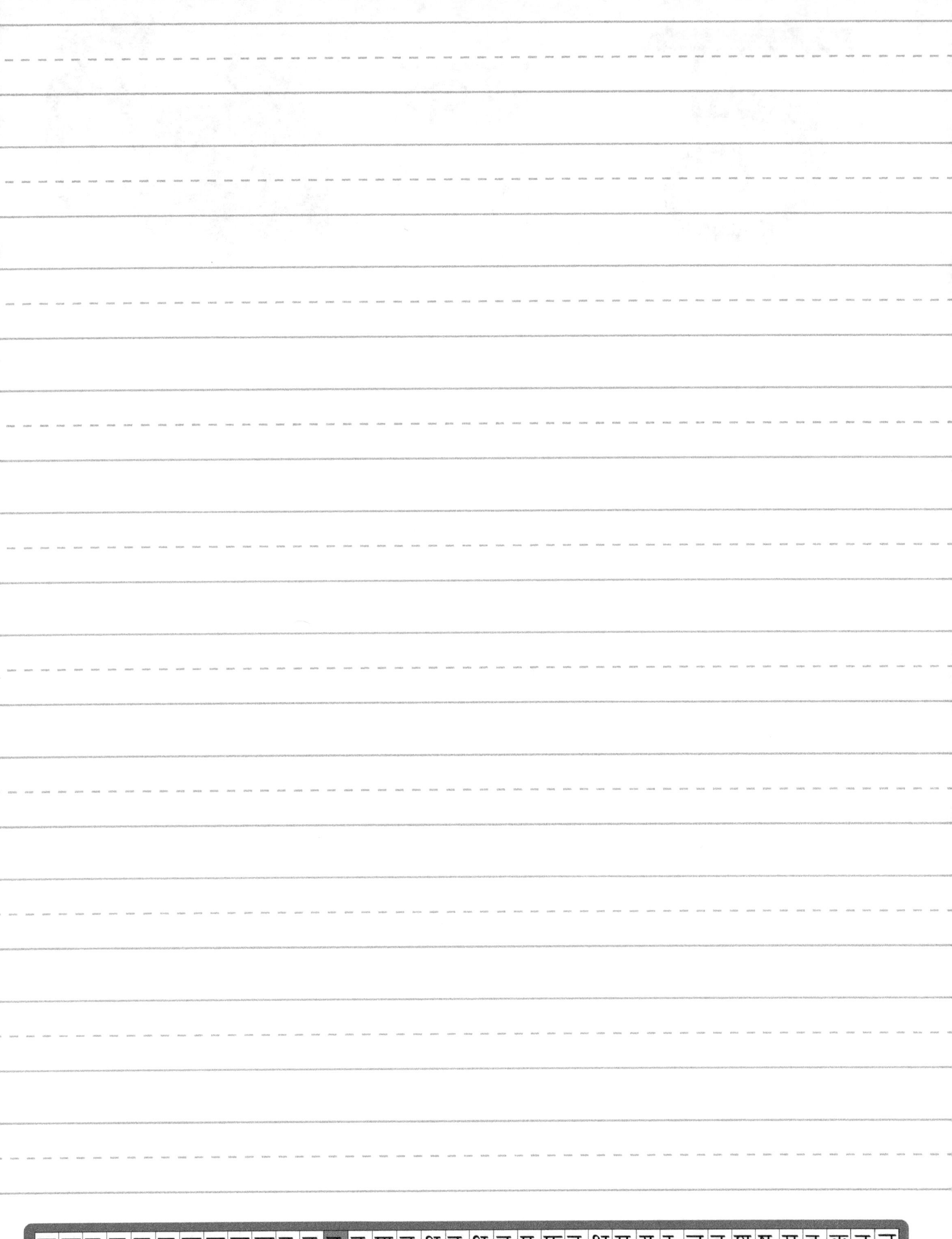

क ख ग घ ङ च छ ज झ ञ ट ठ ड ढ ण त थ द ध न प फ ब भ म य र ल व श ष स ह क्ष त्र ज्ञ

ढ

ढक
Weight

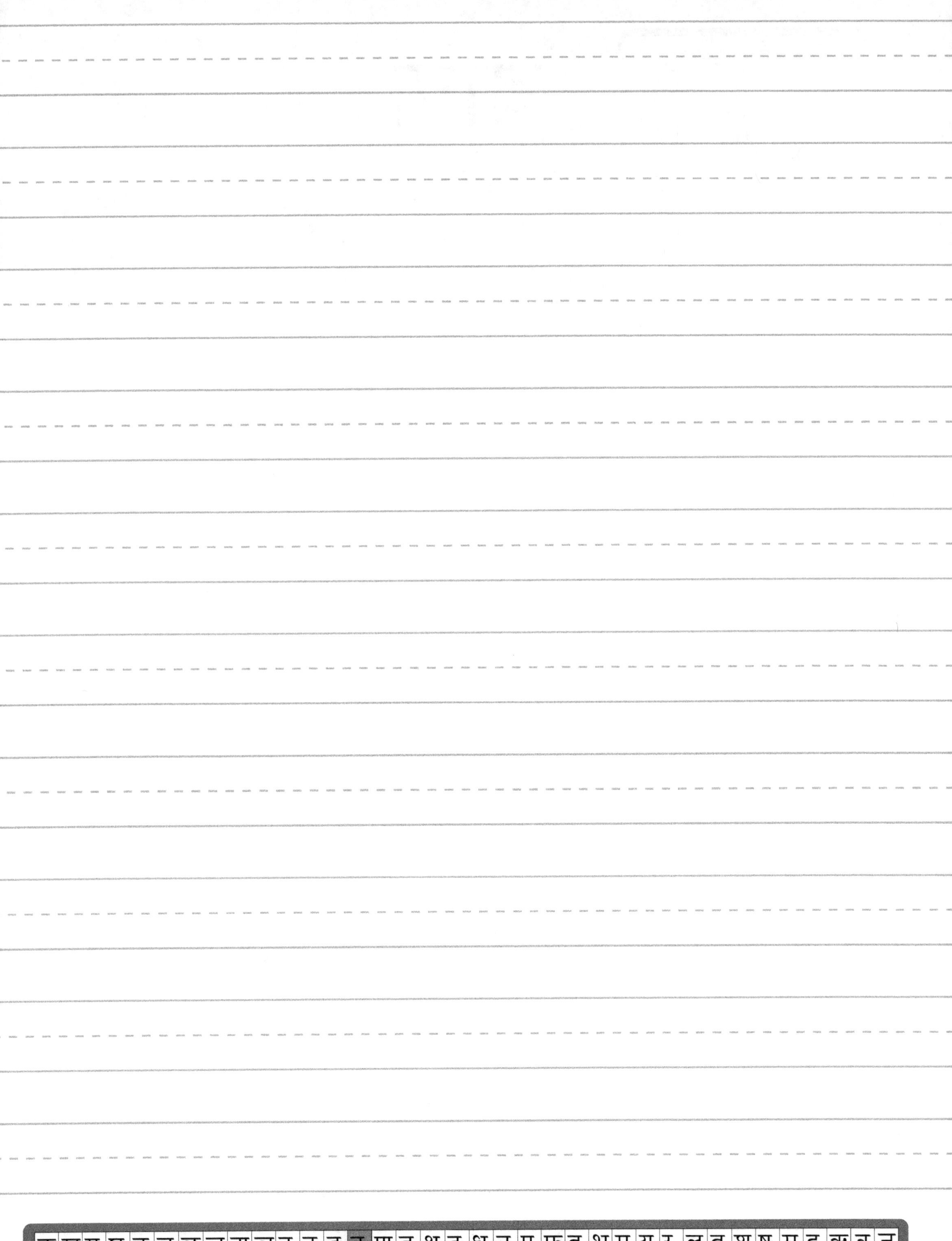
क ख ग घ ङ च छ ज झ ञ ट ठ ड ढ ण त थ द ध न प फ ब भ म य र ल व श ष स ह क्ष त्र ज्ञ

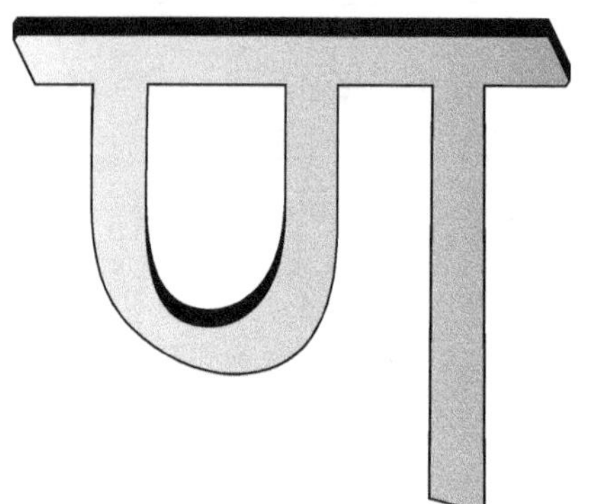 प

वाण
Arrows

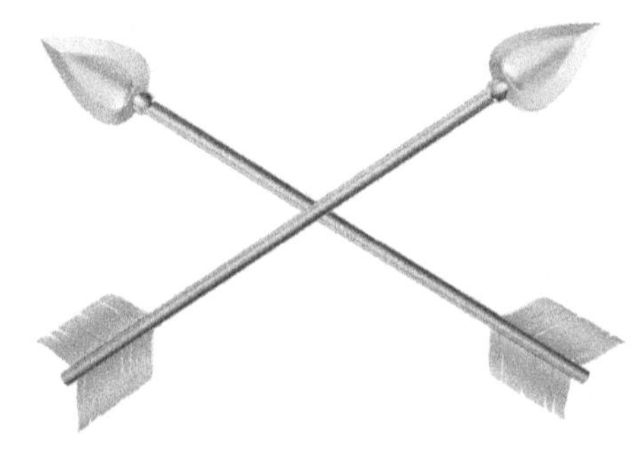

क ख ग घ ङ च छ ज झ ञ ट ठ ड ढ ण त थ द ध न प फ ब भ म य र ल व श ष स ह क्ष त्र ज्ञ

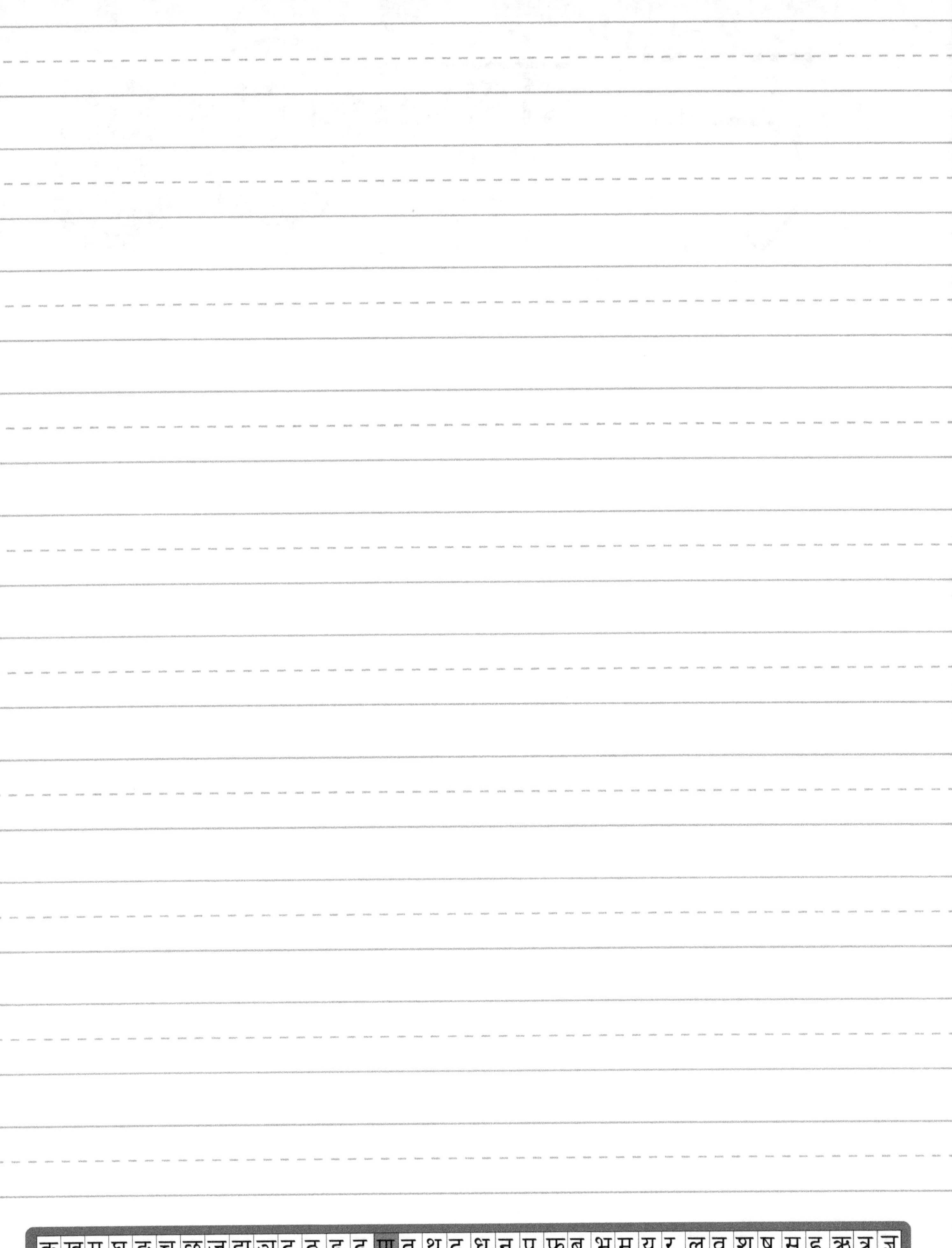

क ख ग घ ङ च छ ज झ ञ ट ठ ड ढ ण त थ द ध न प फ ब भ म य र ल व श ष स ह क्ष त्र ज्ञ

त

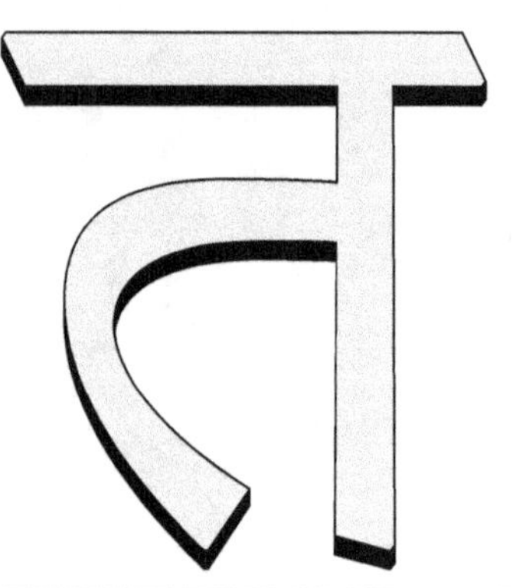

तबला
Tabla

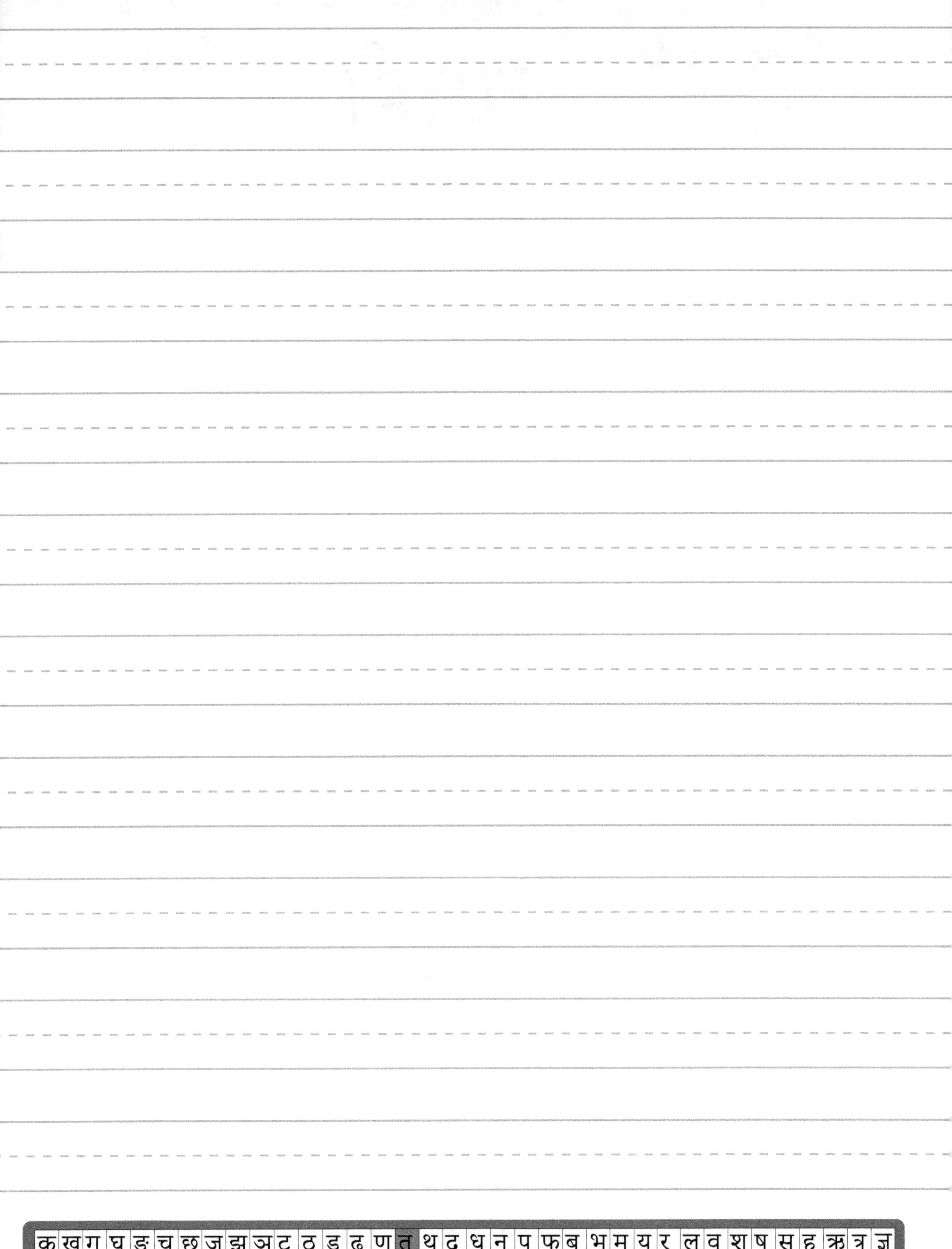

क ख ग घ ङ च छ ज झ ञ ट ठ ड ढ ण त थ द ध न प फ ब भ म य र ल व श ष स ह क्ष त्र ज्ञ

थ

थपडी
Clap

क ख ग घ ङ च छ ज झ ञ ट ठ ड ढ ण त थ द ध न प फ ब भ म य र ल व श ष स ह क्ष त्र ज्ञ

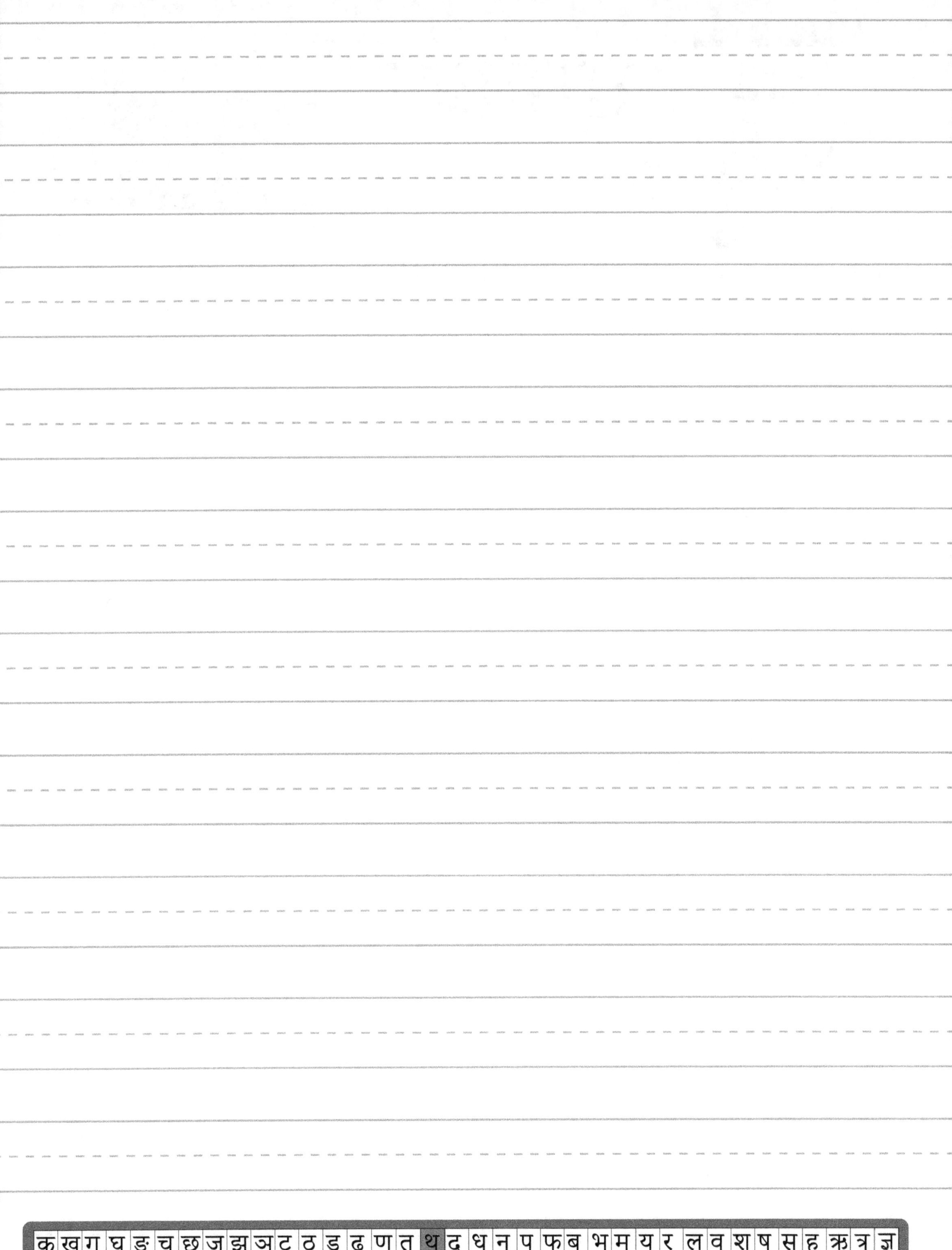

क ख ग घ ङ च छ ज झ ञ ट ठ ड ढ ण त थ द ध न प फ ब भ म य र ल व श ष स ह क्ष त्र ज्ञ

दमकल
Fire Truck

क ख ग घ ङ च छ ज झ ट ठ ड ढ ण त थ द ध न प फ ब भ म य र ल व श ष स ह क्ष त्र ज्ञ

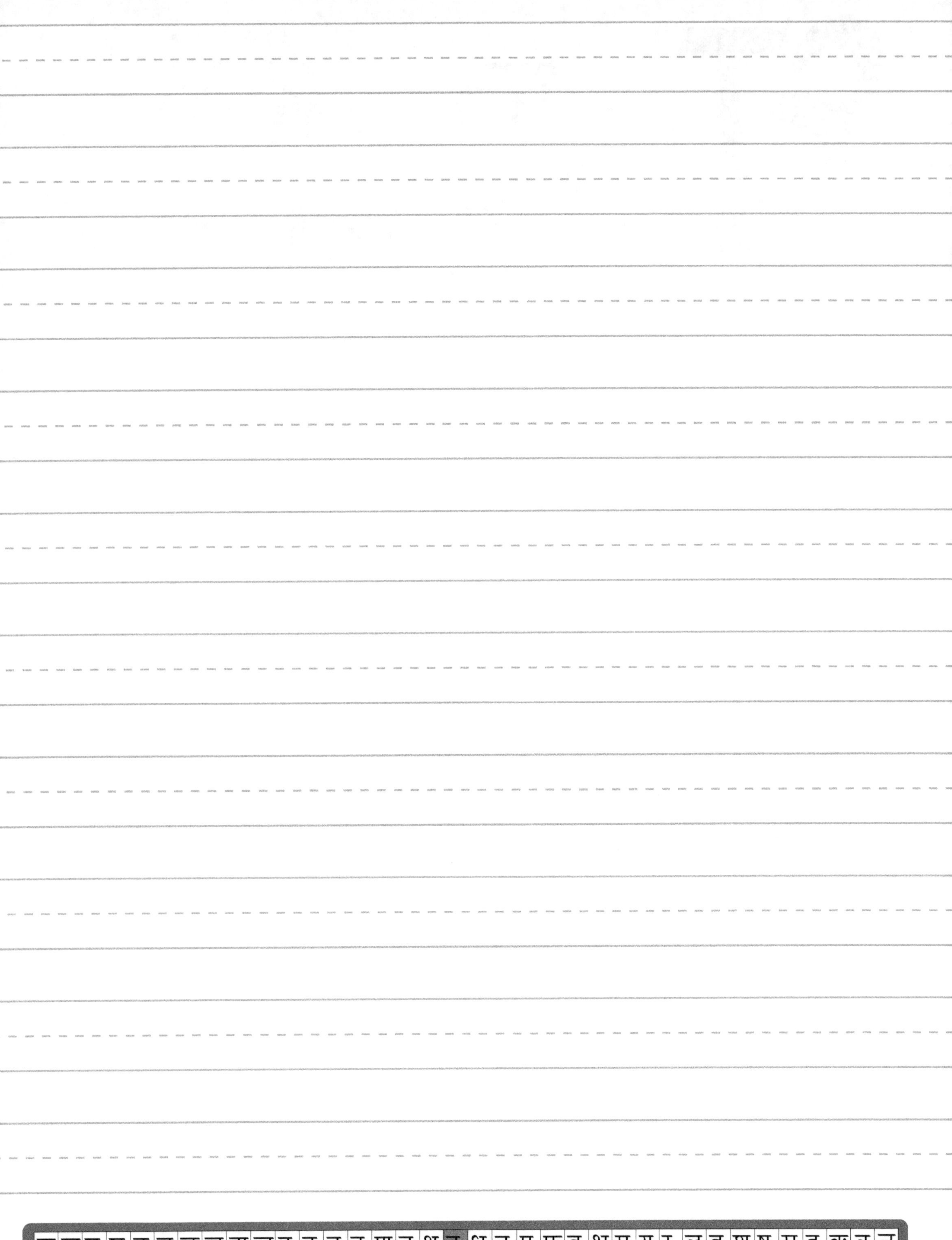

क ख ग घ ङ च छ ज झ ञ ट ठ ड ढ ण त थ द ध न प फ ब भ म य र ल व श ष स ह क्ष त्र ज्ञ

ध

धन

Wealth

क ख ग घ ङ च छ ज झ ट ठ ड ढ ण त थ द ध न प फ ब भ म य र ल व श ष स ह ऋ त्र ज्ञ

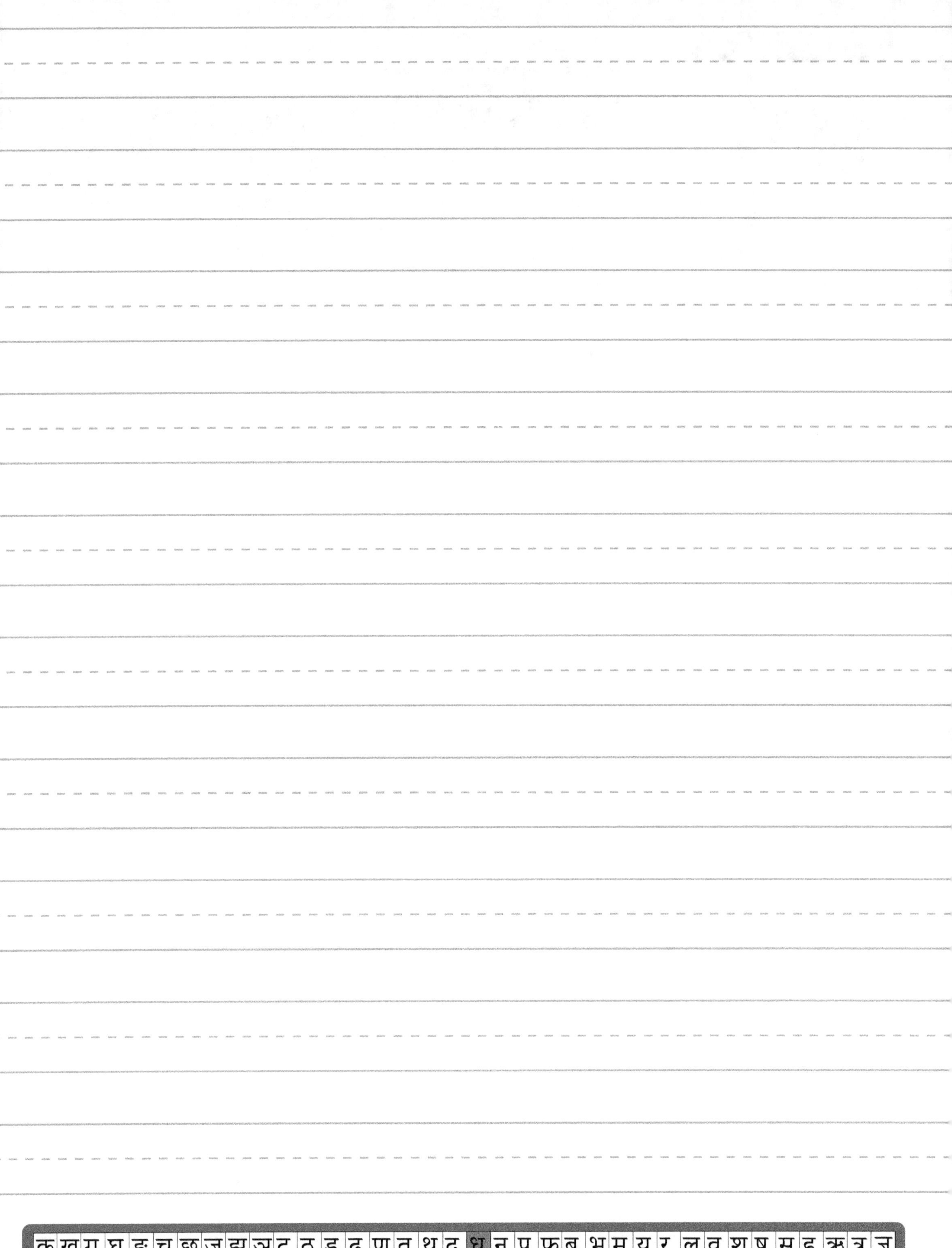

क ख ग घ ङ च छ ज झ ञ ट ठ ड ढ ण त थ द ध न प फ ब भ म य र ल व श ष स ह क्ष त्र ज्ञ

न

नरिवल

Coconut

कखखग घङचछजझअटठडढणतथद्द्धन प फब भमयर लवशष सहक्षत्रज्ञ

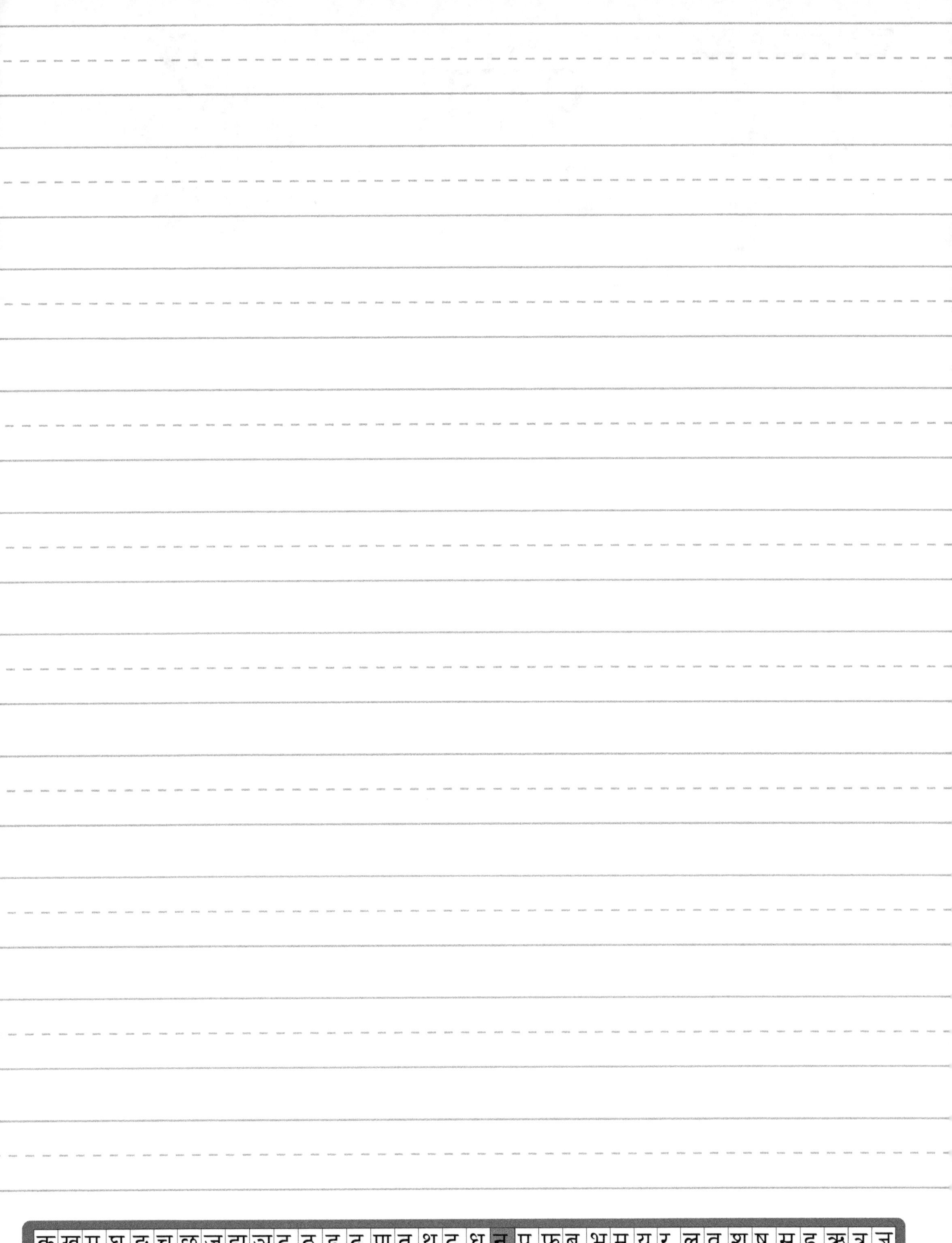

क ख ग घ ङ च छ ज झ ञ ट ठ ड ढ ण त थ द ध न प फ ब भ म य र ल व श ष स ह क्ष त्र ज्ञ

प

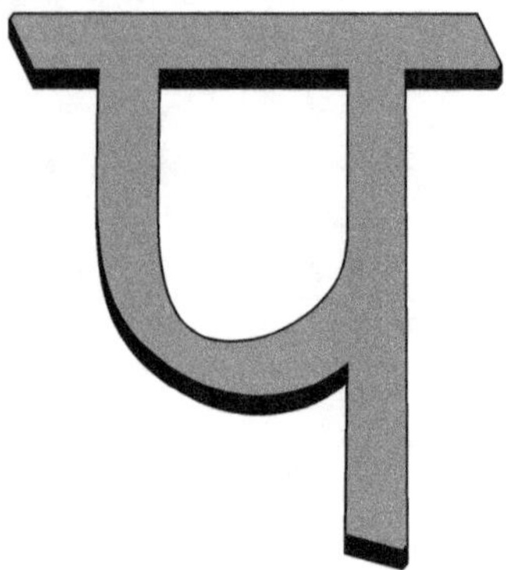

परेवा
Pigeon

प प प प प प प प प प

प प प प प प प प प प

प प प प प प प प प प

प प प प प प प प प प

प प प प प प प प प प

प प प प प प प प प प

प प प प प प प प प प

प प प प प प प प प प

क ख ग घ ङ च छ ज झ अ ट ठ ड ढ ण त थ द ध न प फ ब भ म य र ल व श ष स ह क्ष त्र ज्ञ

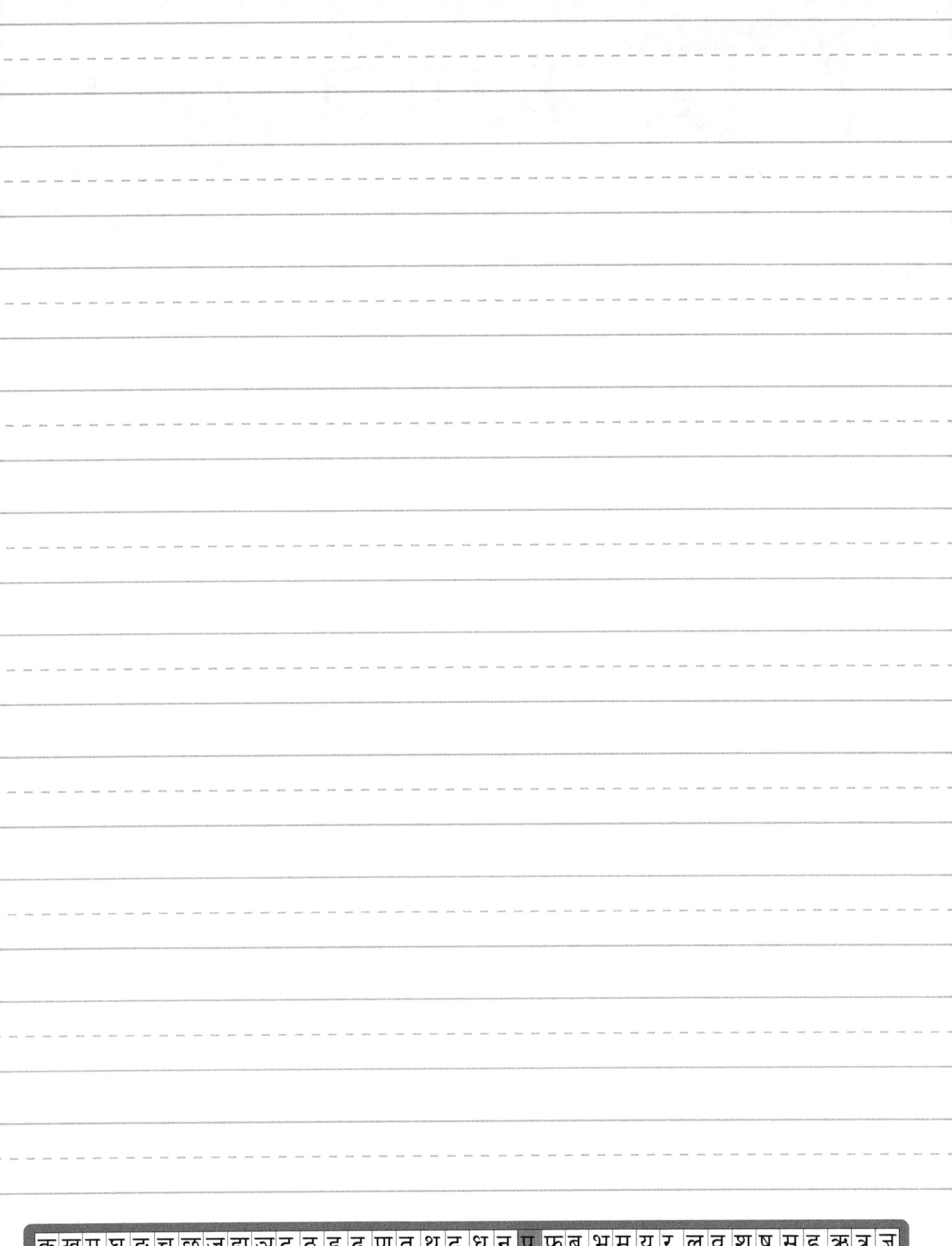

क ख ग घ ङ च छ ज झ ञ ट ठ ड ढ ण त थ द ध न प फ ब भ म य र ल व श ष स ह क्ष त्र ज्ञ

फ

फलफूल
Fruits

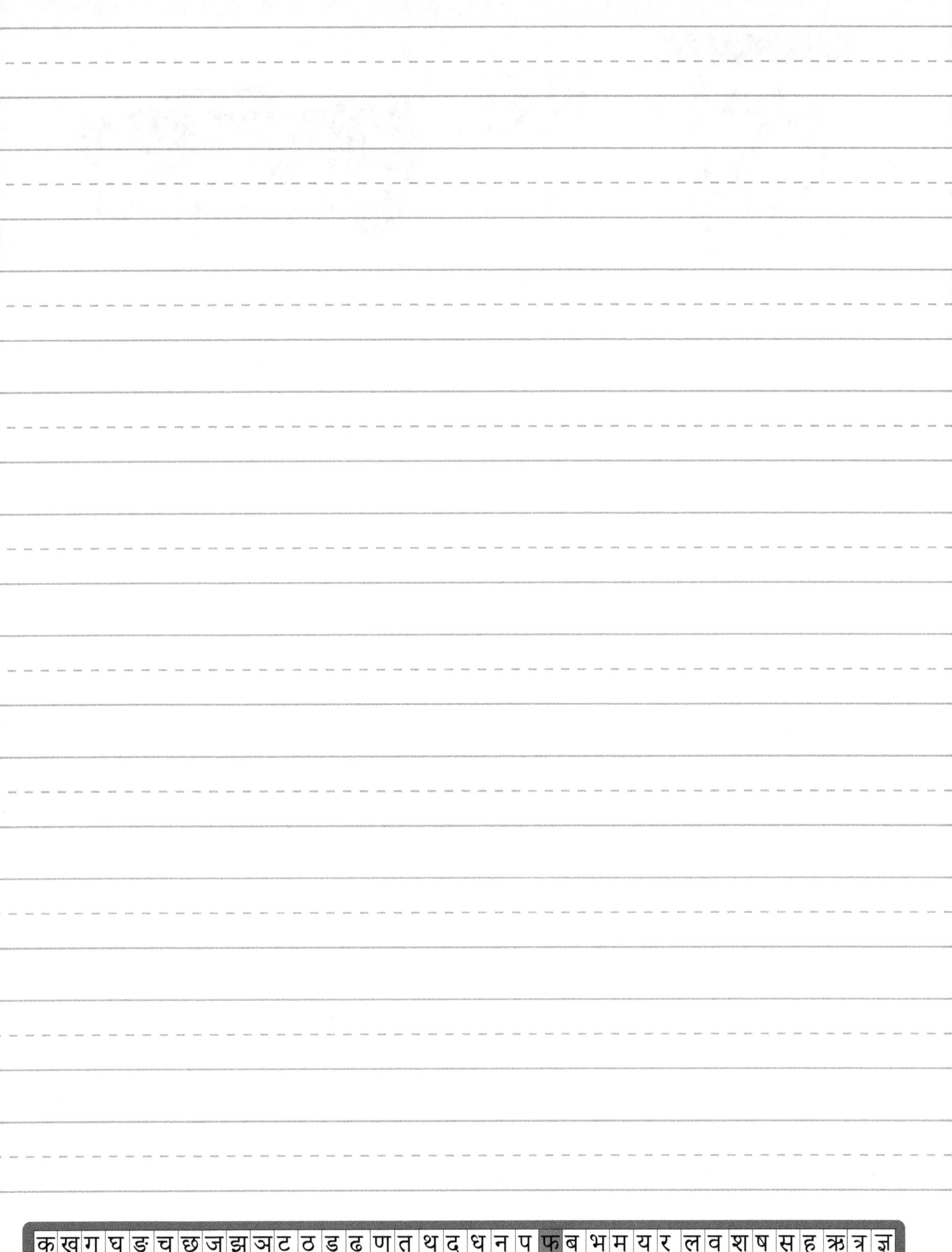

क ख ग घ ङ च छ ज झ ञ ट ठ ड ढ ण त थ द ध न प फ ब भ म य र ल व श ष स ह क्ष त्र ज्ञ

बस
Bus

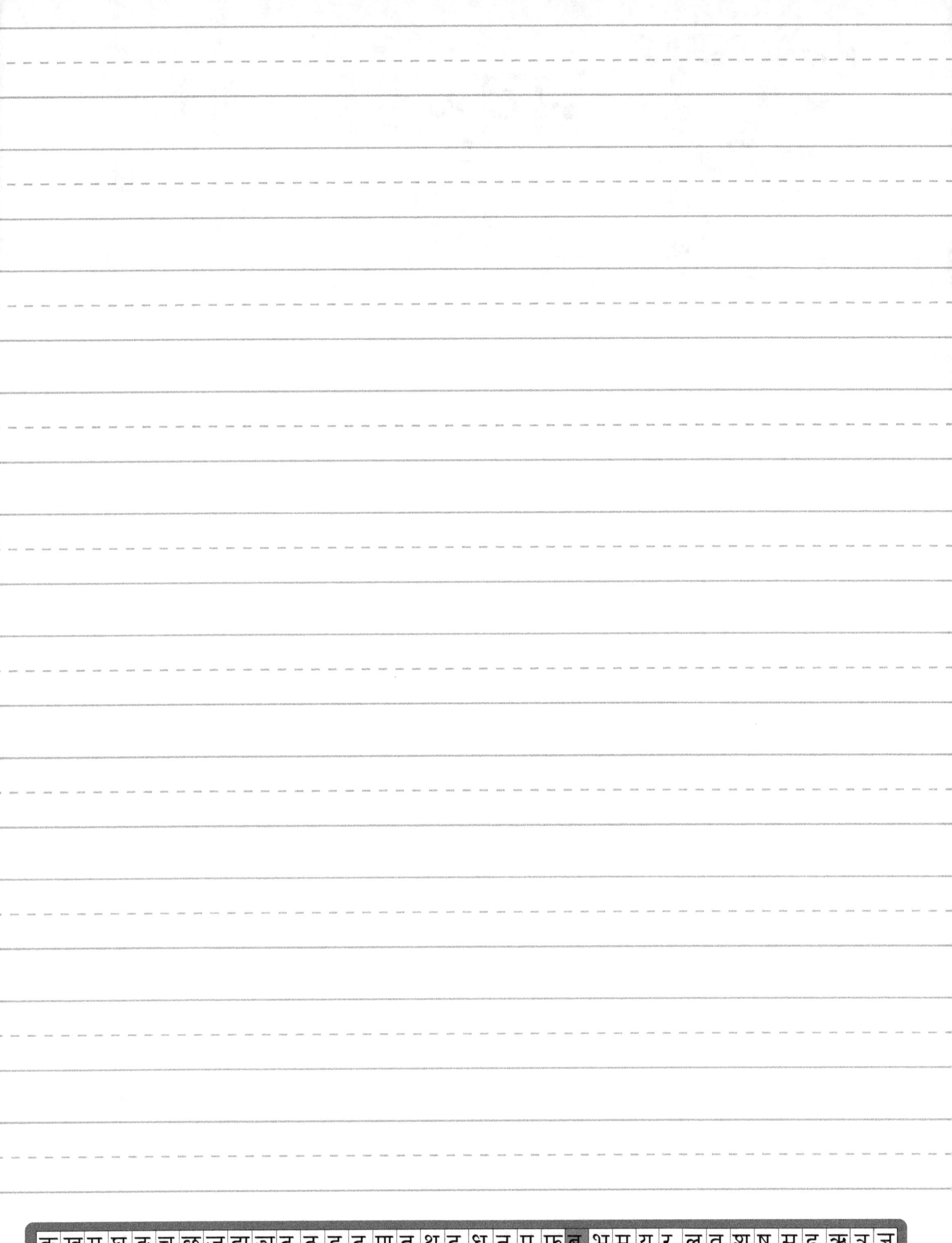

क ख ग घ ङ च छ ज झ अ ट ठ ड ढ ण त थ द ध न प फ ब भ म य र ल व श ष स ह क्ष त्र ज्ञ

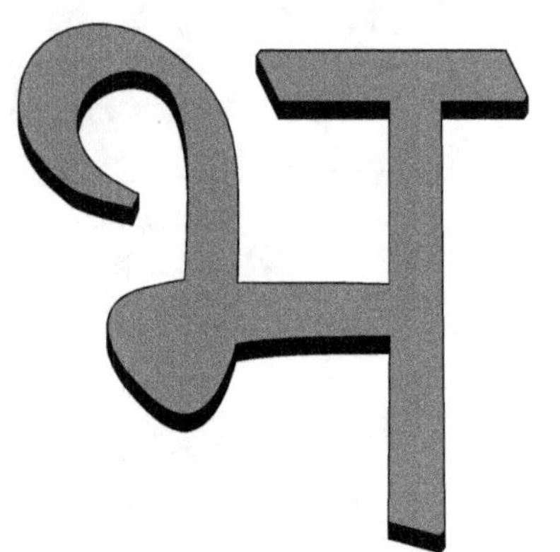

भ

भकुण्डो

Ball

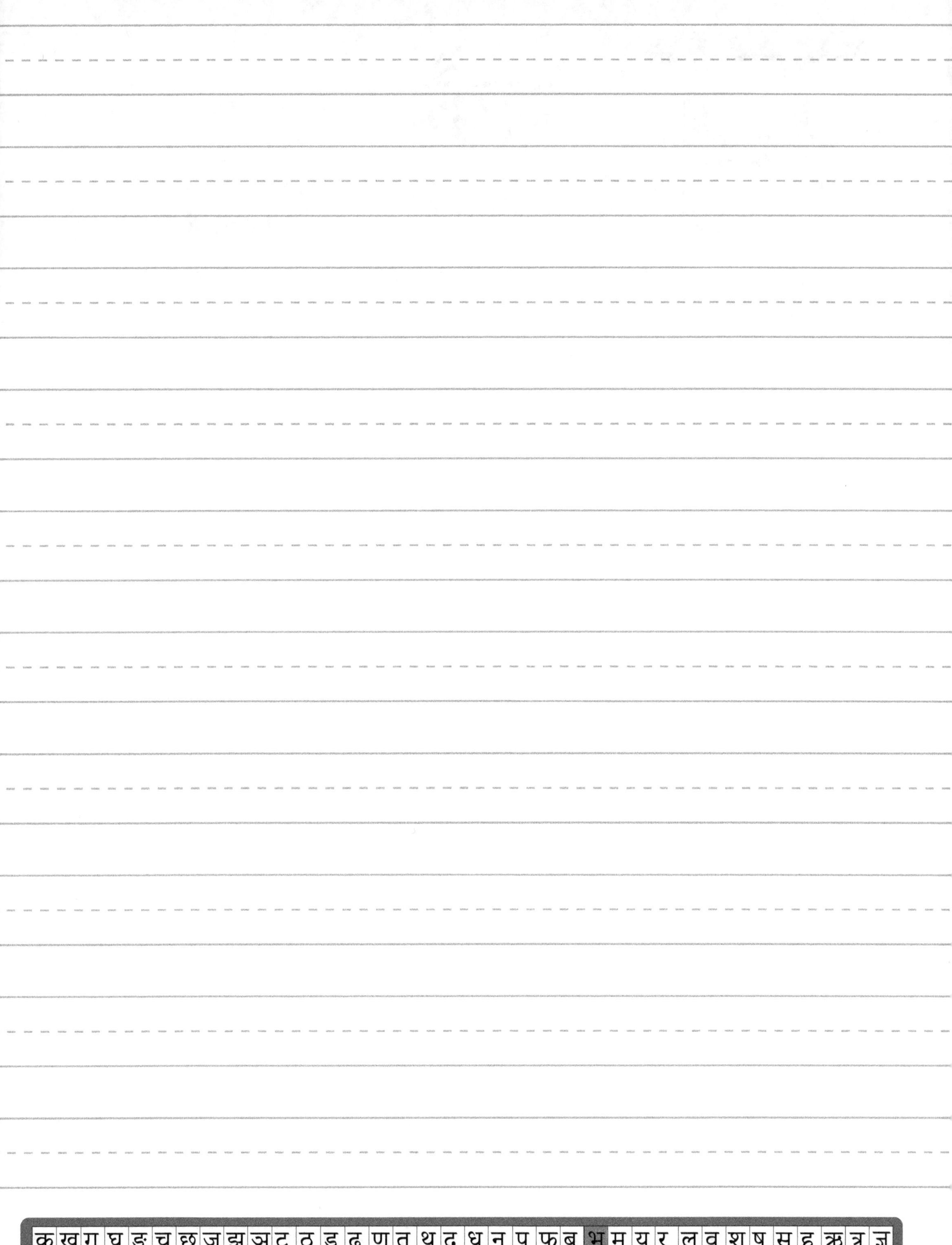

क ख ग घ ङ च छ ज झ अट ठ ड ढ ण त थ द ध न प फ ब भ म य र ल व श ष स ह ऋ त्र ज्ञ

म मकै

Corn

क ख ग घ ङ च छ ज झ ञ ट ठ ड ढ ण त थ द ध न प फ ब भ म य र ल व श ष स ह क्ष त्र ज्ञ

य

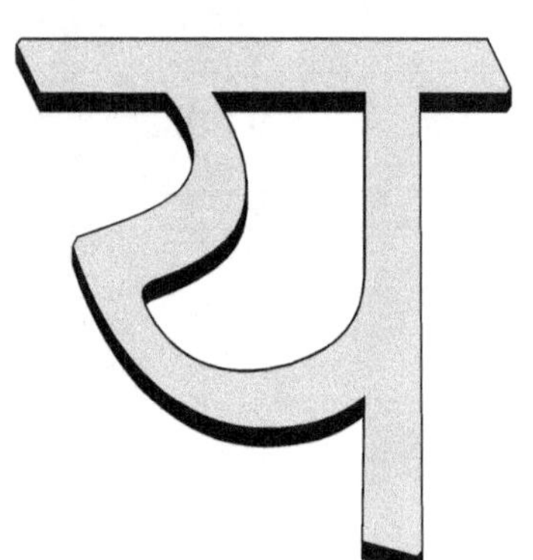

यंत्रमानव
Robot

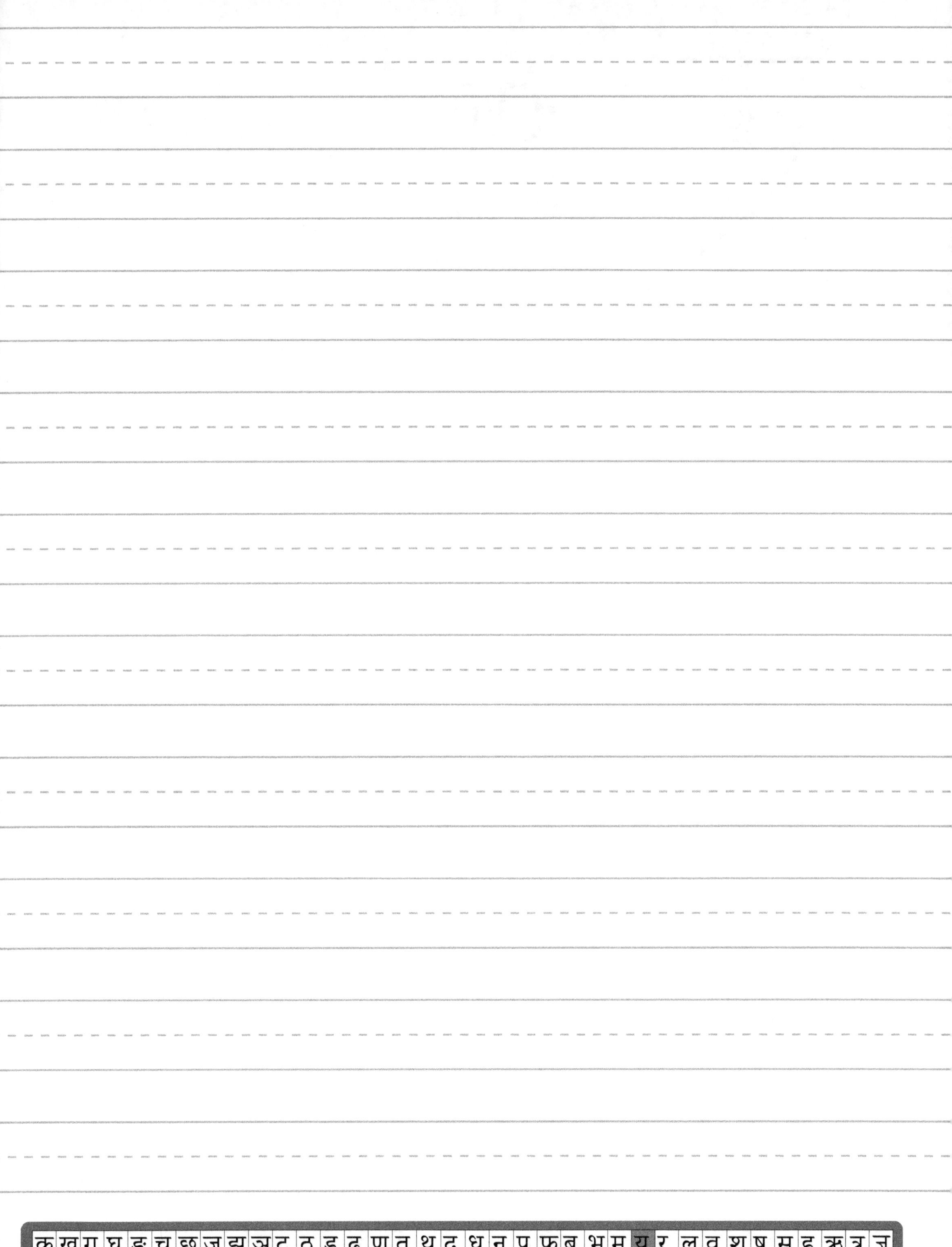

क ख ग घ ङ च छ ज झ ञ ट ठ ड ढ ण त थ द ध न प फ ब भ म य र ल व श ष स ह क्ष त्र ज्ञ

र

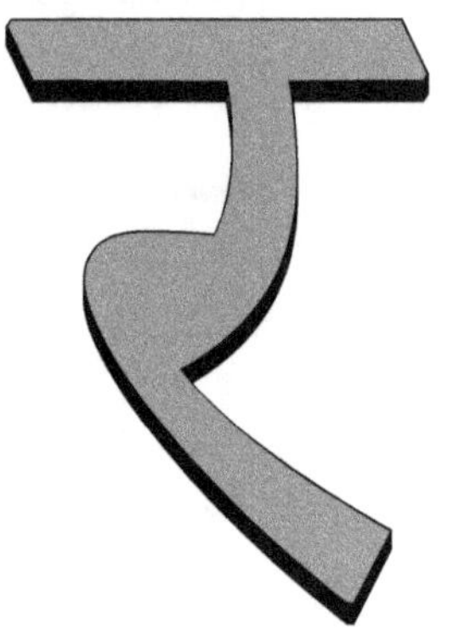

रंग
Colour

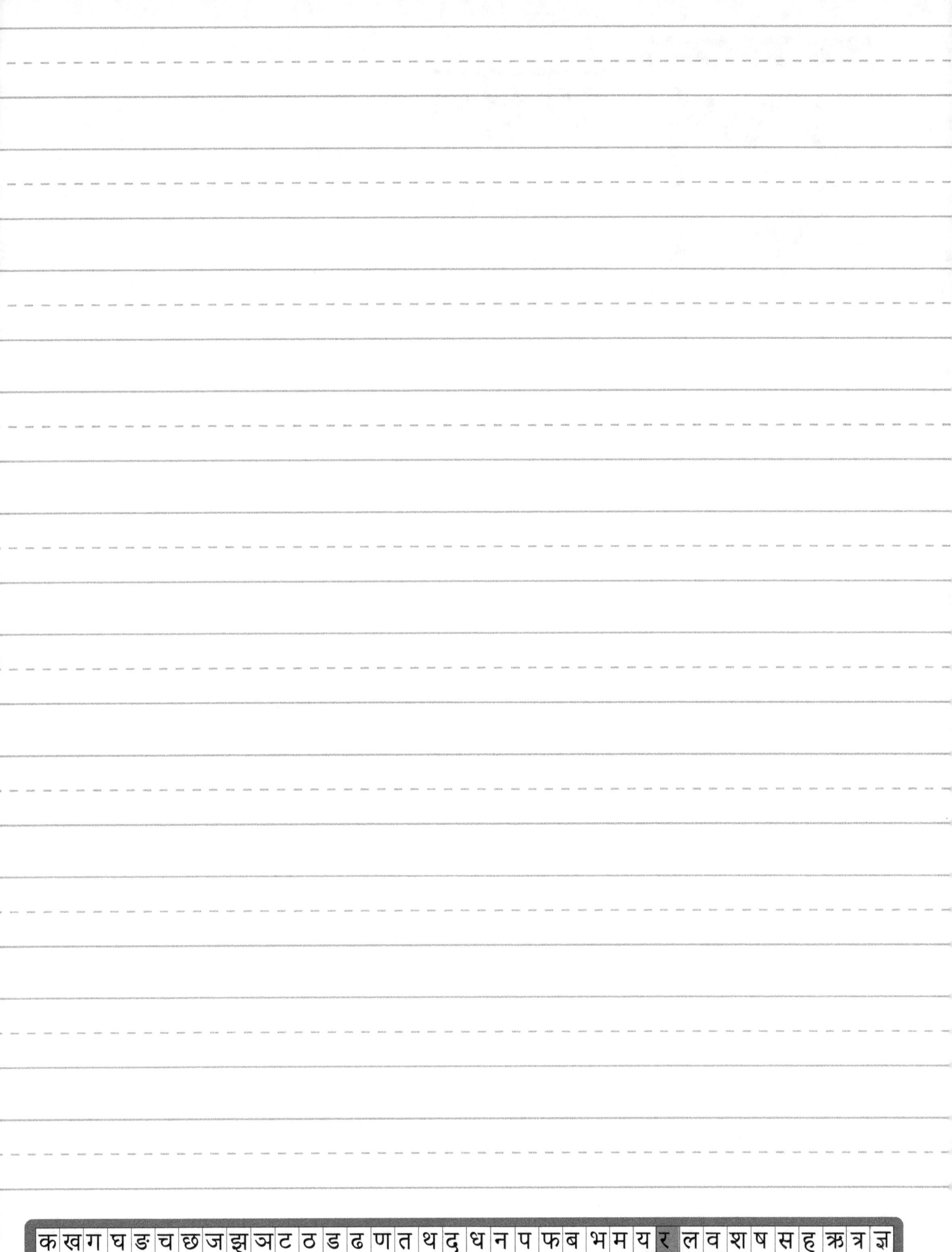

क ख ग घ ङ च छ ज झ ञ अट ठ ड ढ ण त थ द ध न प फ ब भ म य र ल व श ष स ह क्ष त्र ज्ञ

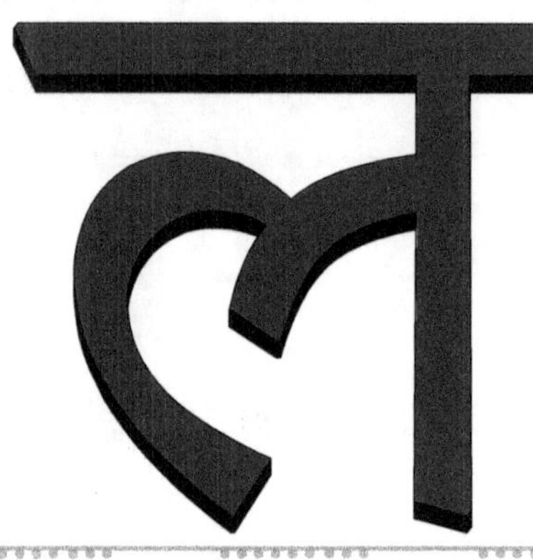

ल

लसुन
Garlic

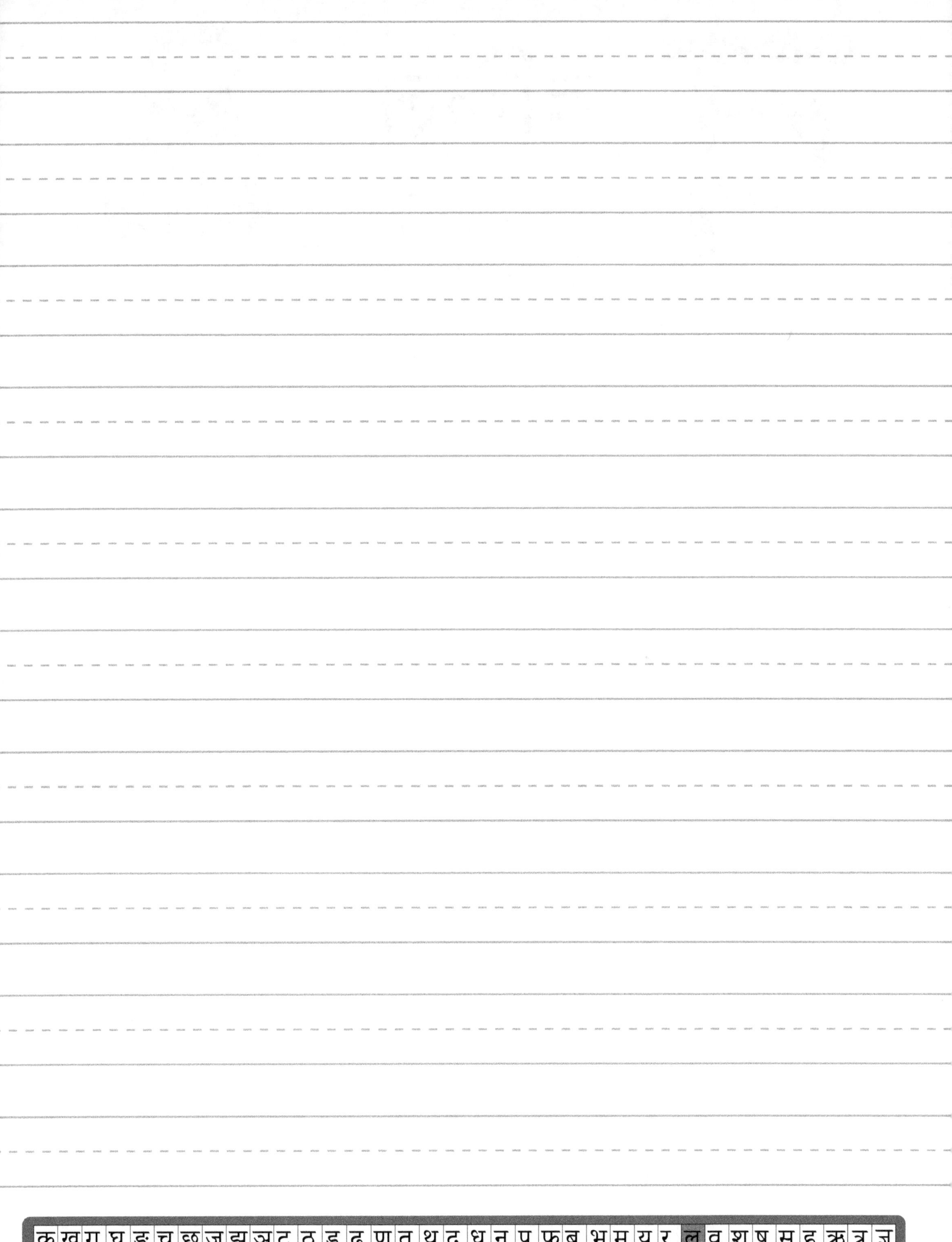

क ख ग घ ङ च छ ज झ ञ ट ठ ड ढ ण त थ द ध न प फ ब भ म य र ल व श ष स ह क्ष त्र ज्ञ

व

वकिल
Lawyer

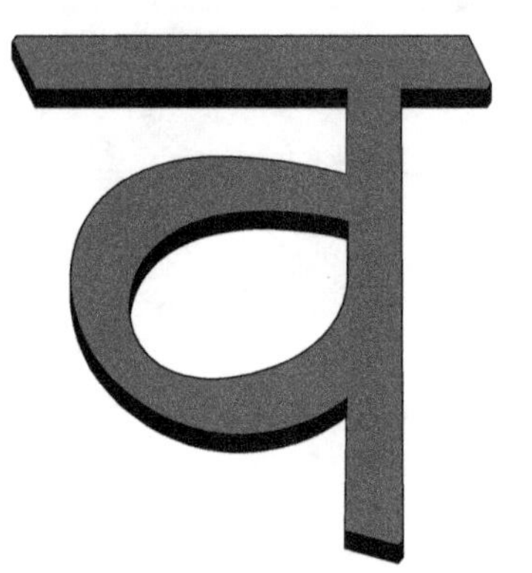

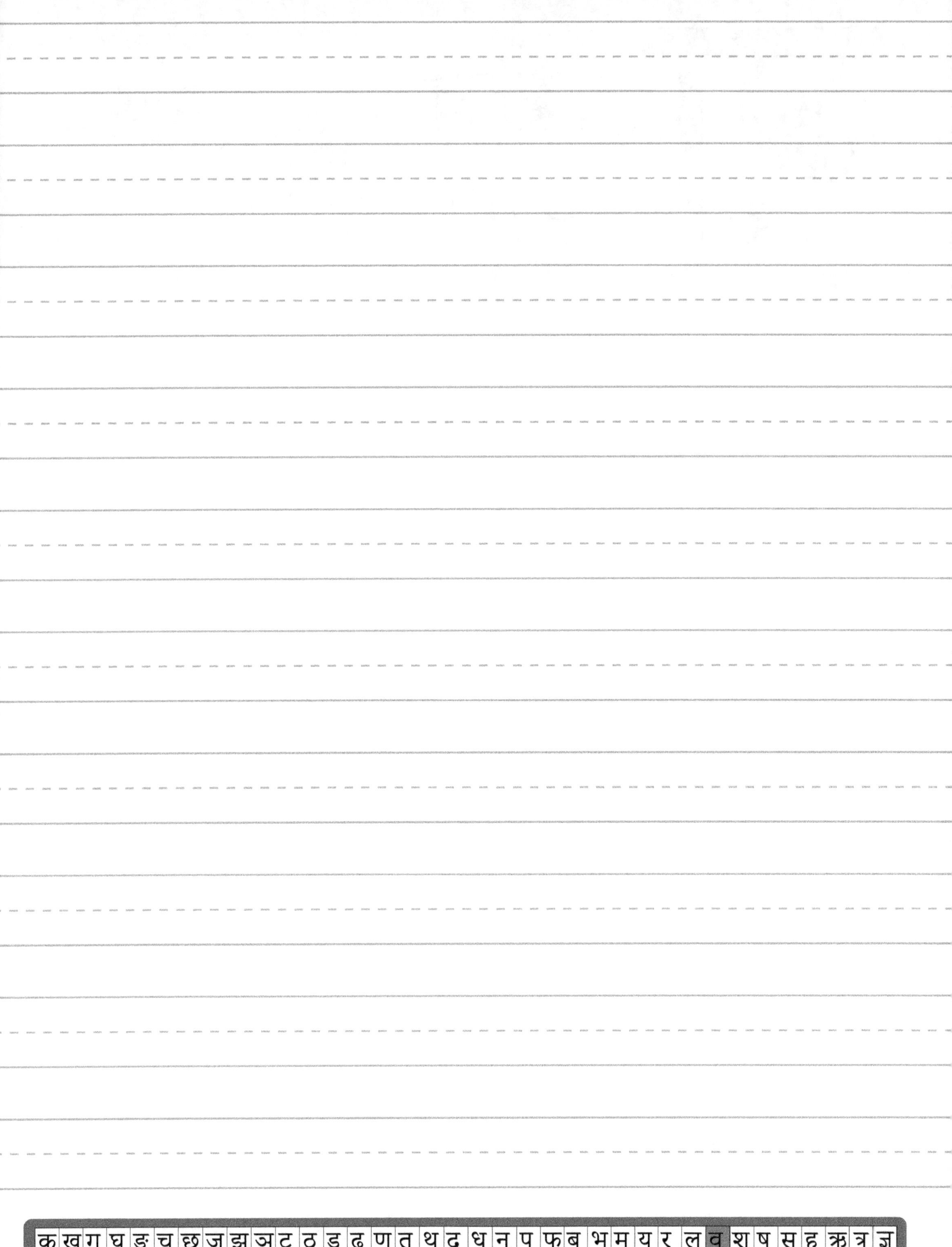

क ख ग घ ङ च छ ज झ ञ ट ठ ड ढ ण त थ द ध न प फ ब भ म य र ल व श ष स ह क्ष त्र ज्ञ

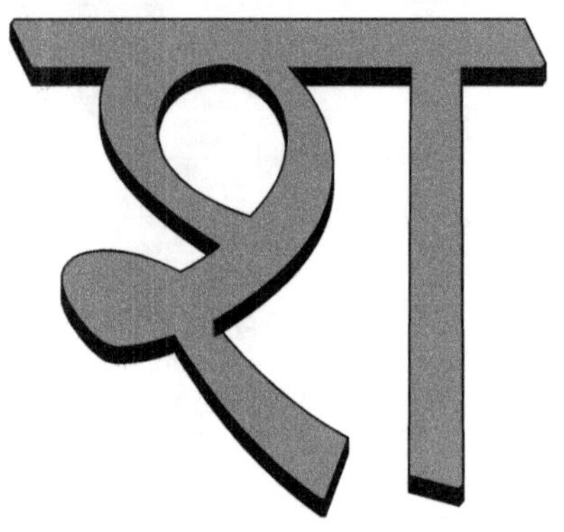 श

शंख

Conch

कखखगघङचछजझञटठडढणतथदधनपफबभमयरलवशषसहक्षत्रज्ञ

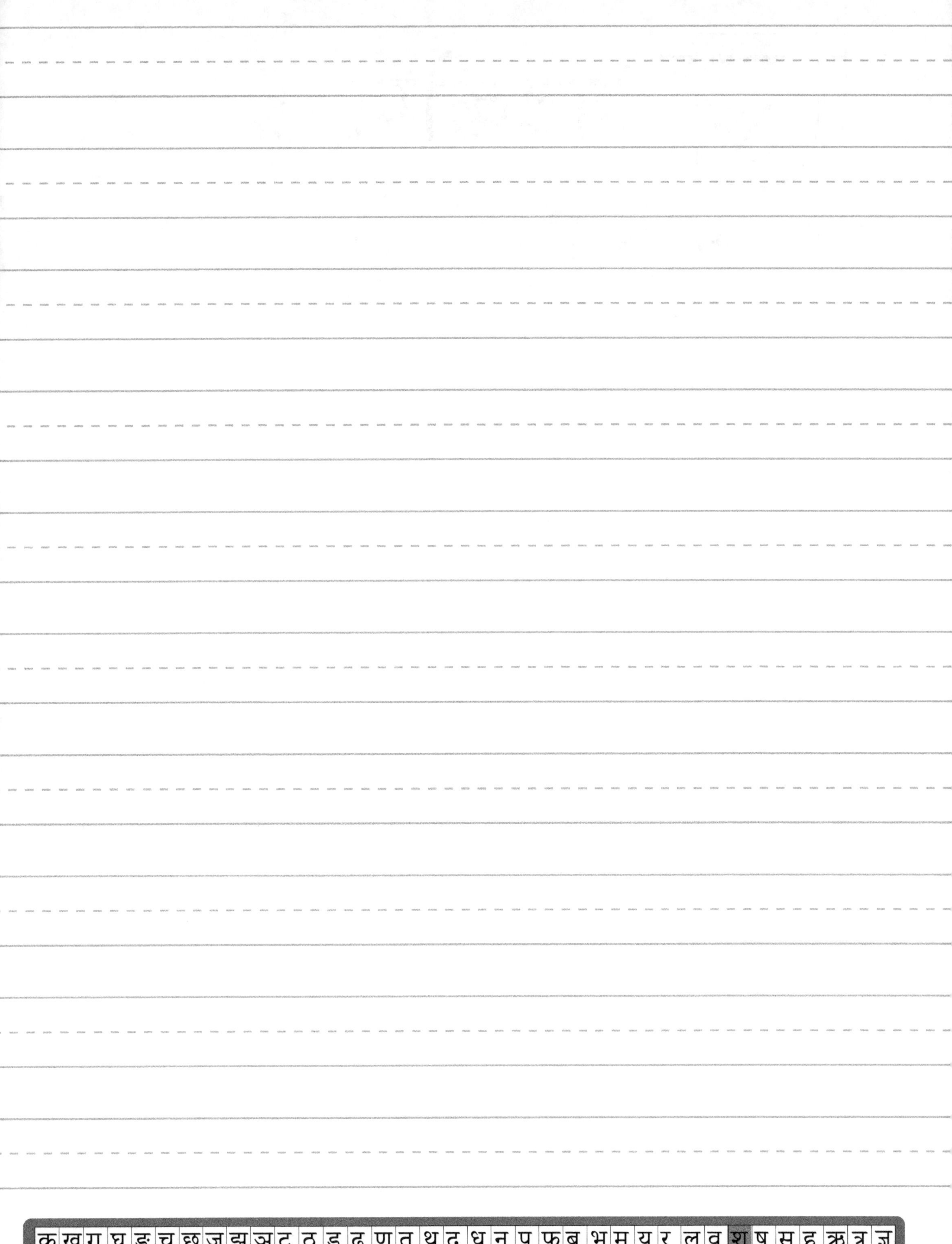

क ख ग घ ङ च छ ज झ ञ ट ठ ड ढ ण त थ द ध न प फ ब भ म य र ल व श ष स ह क्ष त्र ज्ञ

 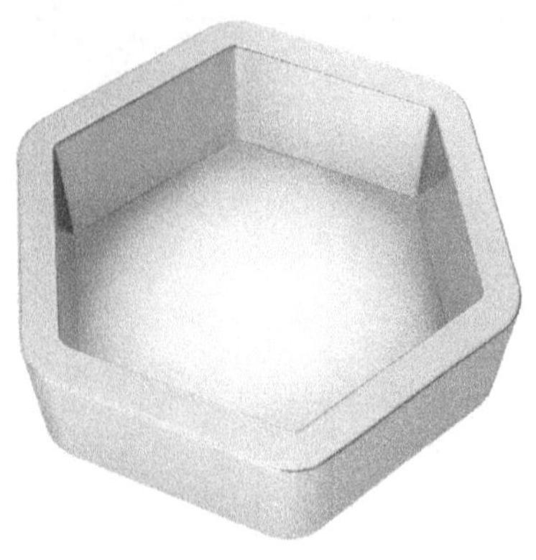

ष

षटकोण
Hexagon

क	ख	ग	घ	ङ	च	छ	ज	झ	ञ	ट	ठ	ड	ढ	ण	त	थ	द	ध	न	प	फ	ब	भ	म	य	र	ल	व	श	ष	स	ह	क्ष	त्र	ज्ञ

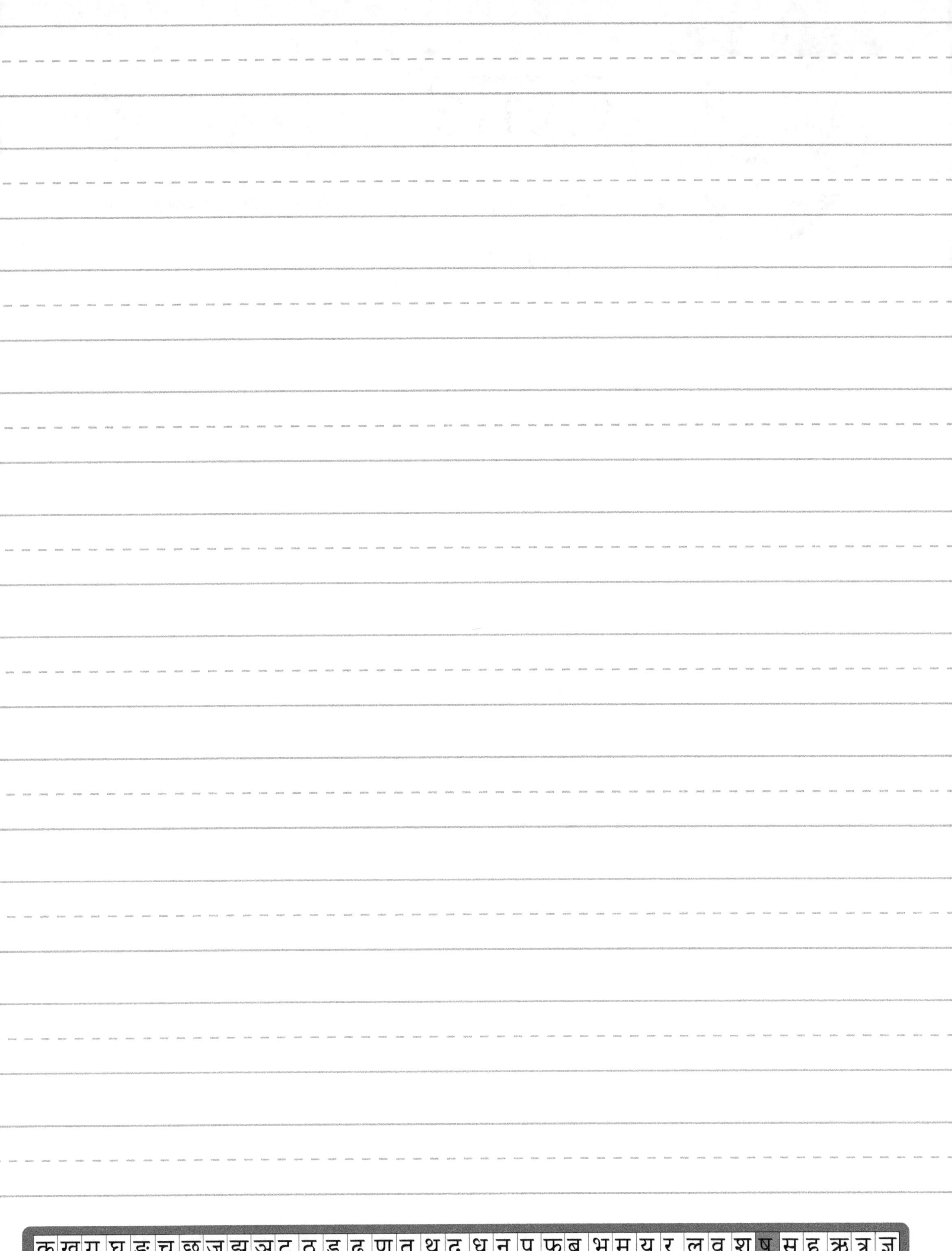

क ख ग घ ङ च छ ज झ ञ ट ठ ड ढ ण त थ द ध न प फ ब भ म य र ल व श ष स ह क्ष त्र ज्ञ

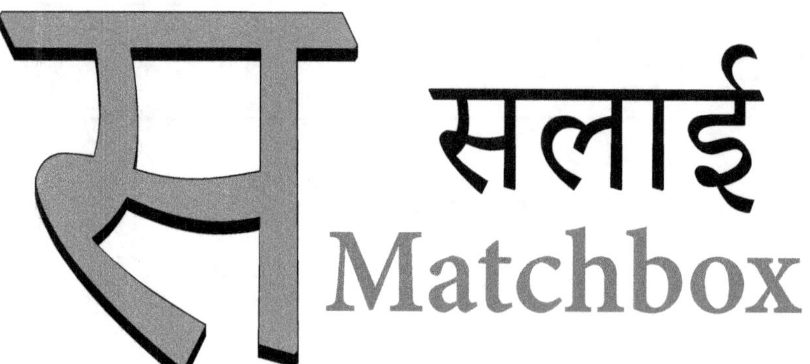

क ख ग घ ङ च छ ज झ ञ ट ठ ड ढ ण त थ द ध न प फ ब भ म य र ल व श ष स ह ऋ त्र ज्ञ

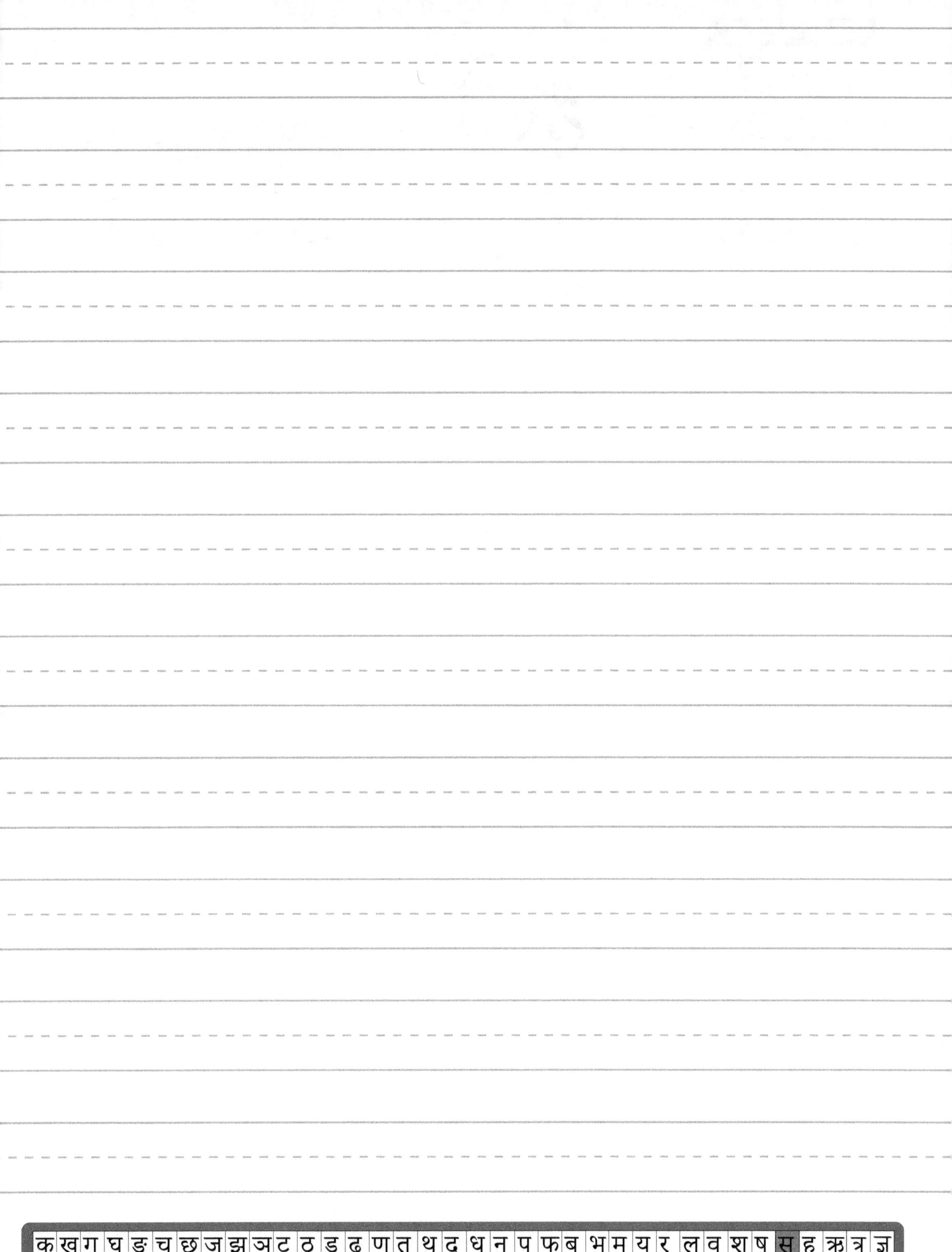

क ख ग घ ङ च छ ज झ ञ ट ठ ड ढ ण त थ द ध न प फ ब भ म य र ल व श ष स ह क्ष त्र ज्ञ

 हलो
Plough

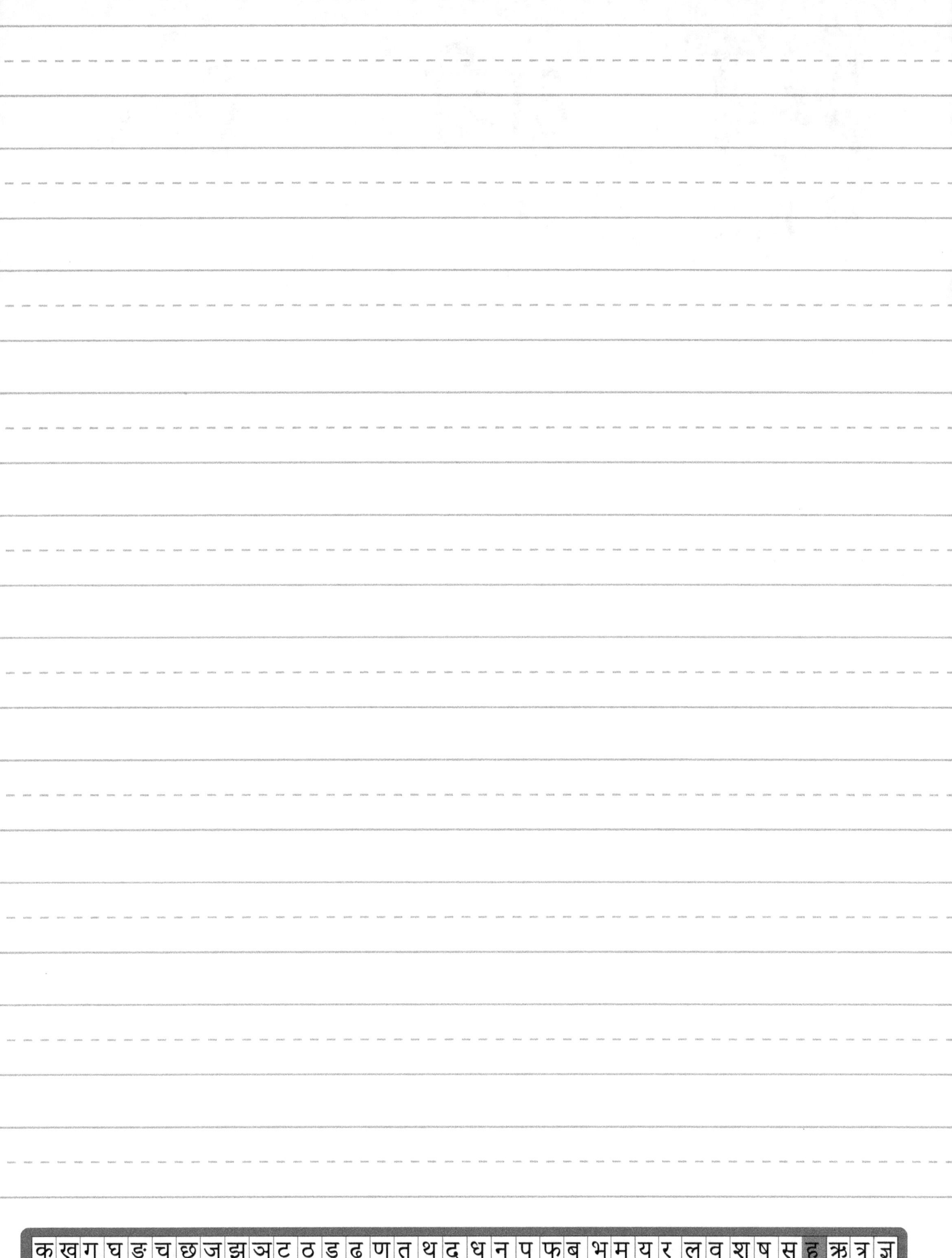

क ख ग घ ङ च छ ज झ ञ ट ठ ड ढ ण त थ द ध न प फ ब भ म य र ल व श ष स ह क्ष त्र ज्ञ

क्ष

क्षत्री

Kshatriya

क ख ग घ ङ च छ ज झ ट ठ ड ढ ण त थ द ध न प फ ब भ म य र ल व श ष स ह क्ष त्र ज्ञ

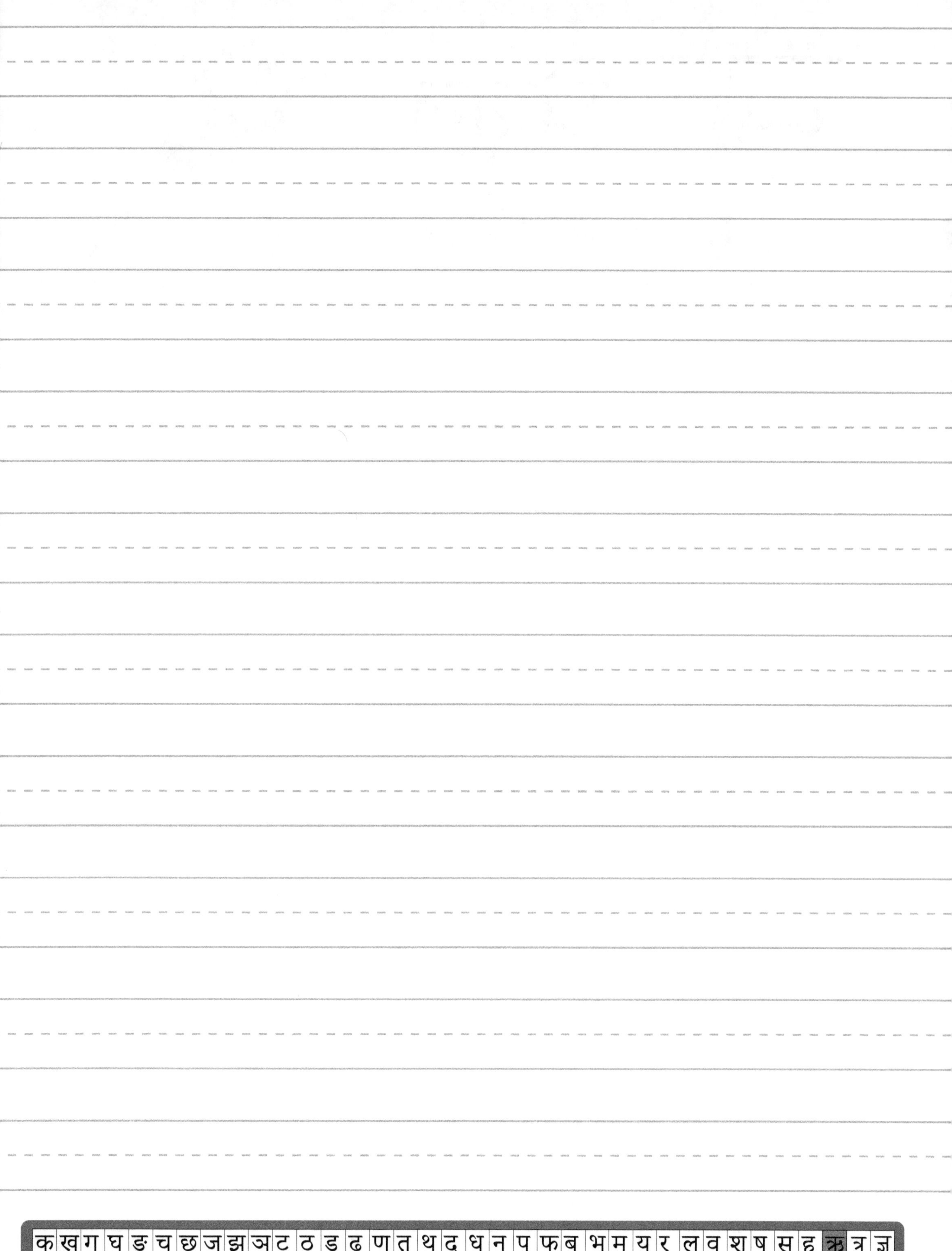

क ख ग घ ङ च छ ज झ ञ ट ठ ड ढ ण त थ द ध न प फ ब भ म य र ल व श ष स ह क्ष त्र ज्ञ

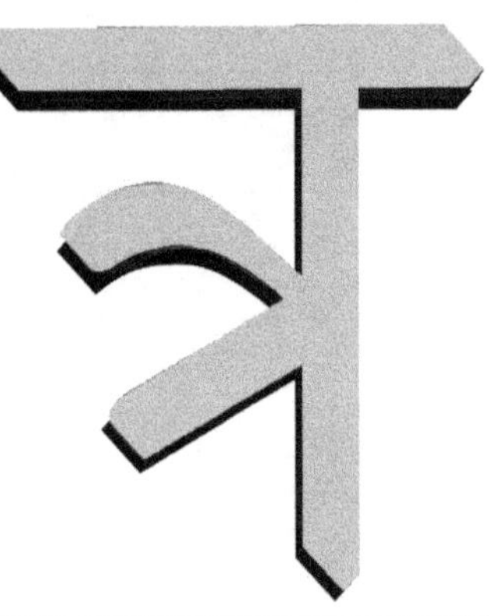

त्रिशूल

Trident

कखगघङचछजझञटठडढणतथदधनपफबभमयरलवशषसहक्षत्रज्ञ

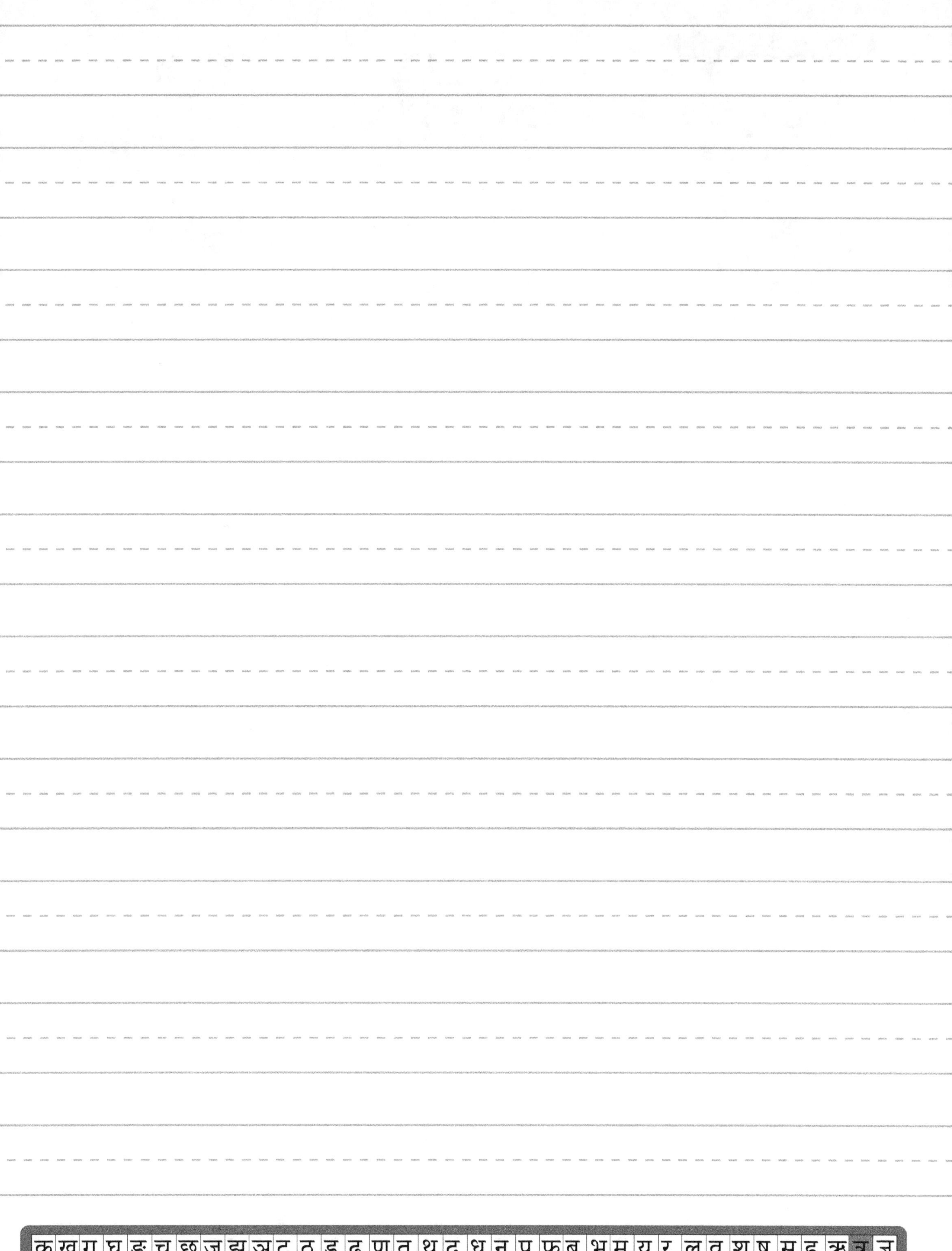

क ख ग घ ङ च छ ज झ ञ ट ठ ड ढ ण त थ द ध न प फ ब भ म य र ल व श ष स ह क्ष त्र ज्ञ

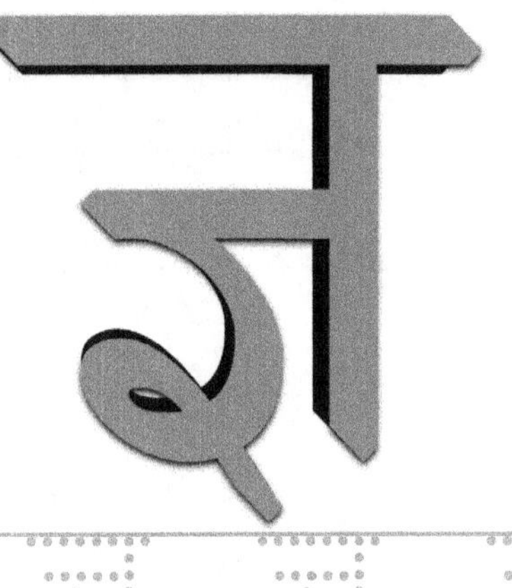

ज्ञानी

Wise

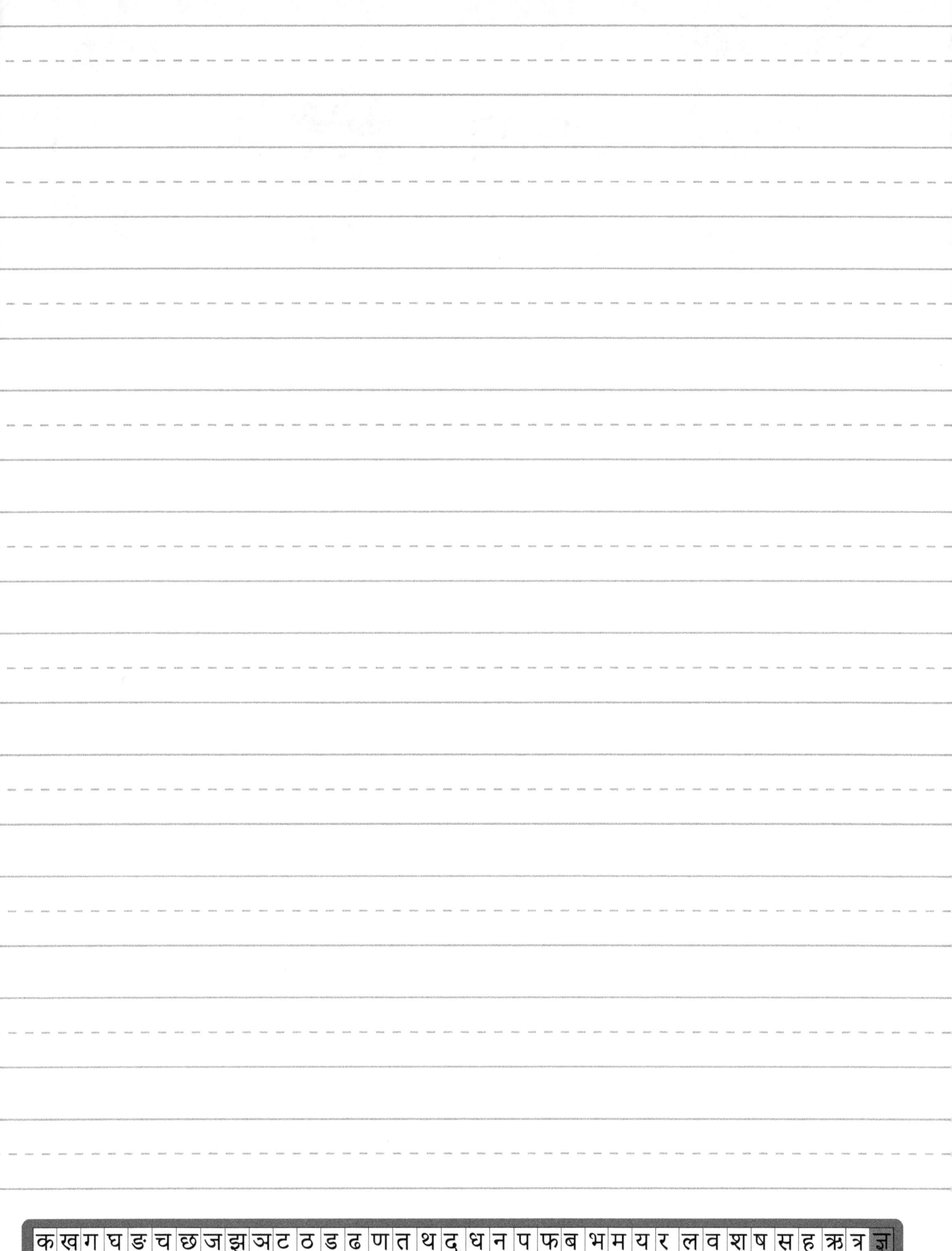

क ख ग घ ङ च छ ज झ अट ठ ड ढ ण त थ द् ध न प फ ब भ म य र ल व श ष स ह ऋ त्र ज्ञ

अ

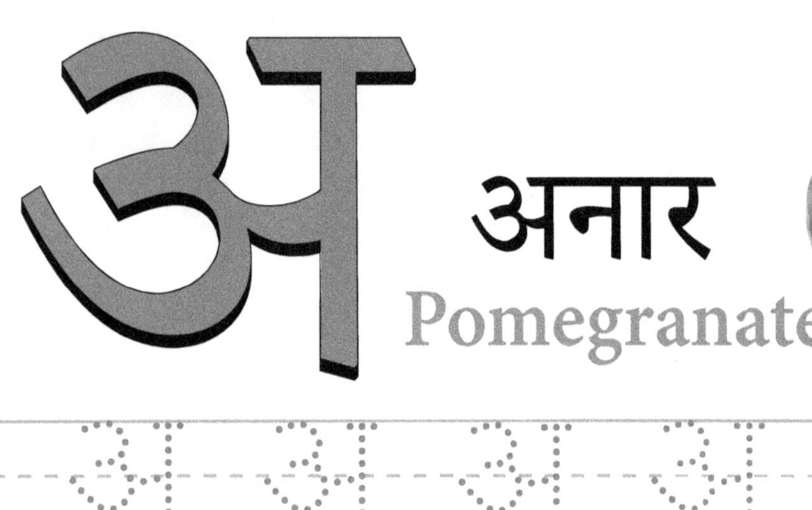

अनार
Pomegranate

अ	आ	इ	ई	उ	ऊ	ऋ	ए	ऐ	ओ	औ	अं	अः

अा
आलु
Potato
अ आ इ ई उ ऊ ऋ ए ऐ ओ औ अं अः

 इ

इनार
Well

ई

ईश्वर
God

| अ | आ | इ | ई | उ | ऊ | ऋ | ए | ऐ | ओ | औ | अं | अः |

उ उल्लू
Owl

अ	आ	इ	ई	उ	ऊ	ऋ	ए	ऐ	ओ	औ	अं	अः

ऊ

ऊन
Wool

ऋ

ऋषि
Sage

| अ | आ | इ | ई | उ | ऊ | ऋ | ए | ऐ | ओ | औ | अं | अः |

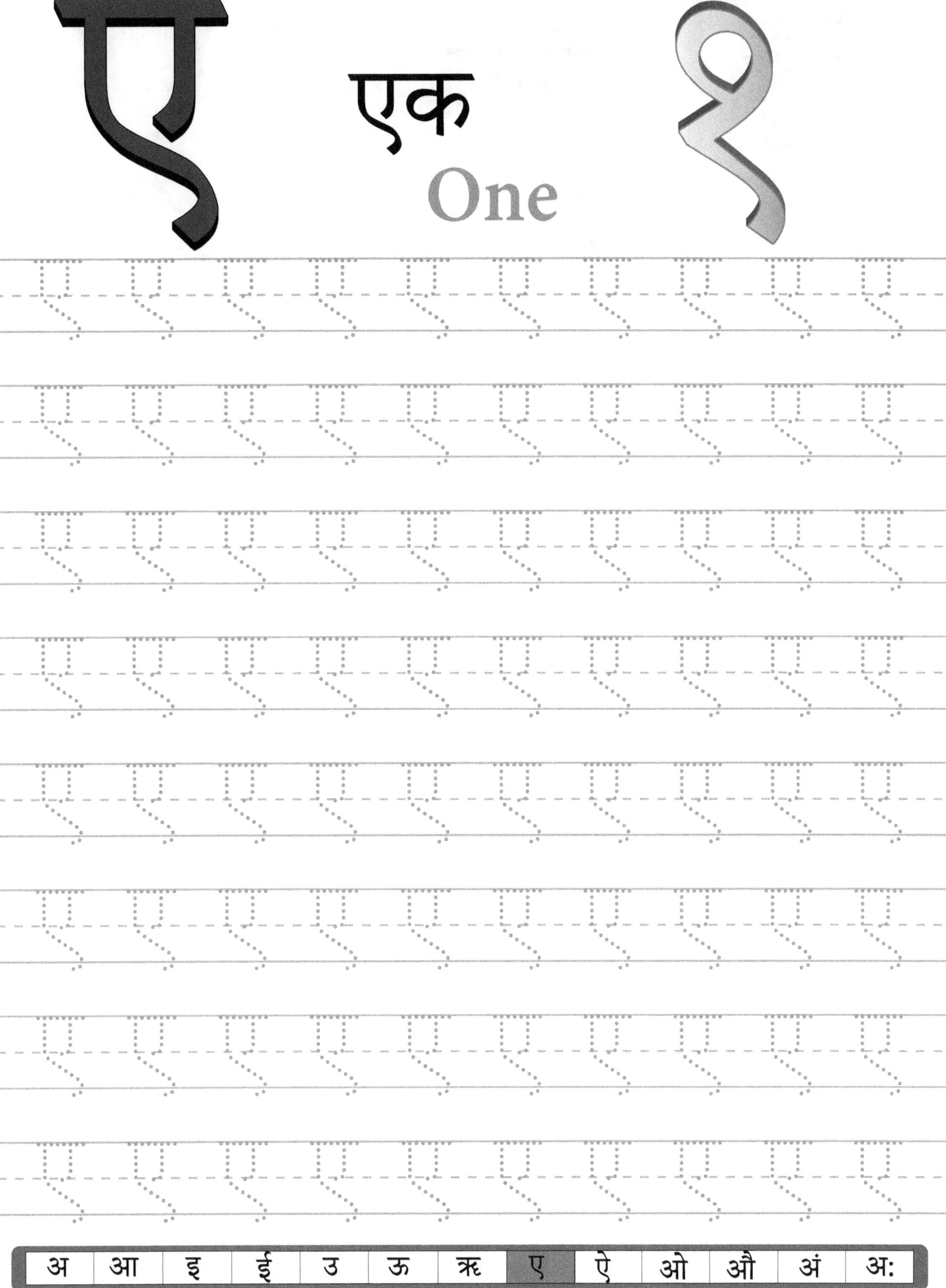
ए
एक
One
१
अ आ इ ई उ ऊ ऋ ए ऐ ओ औ अं अः

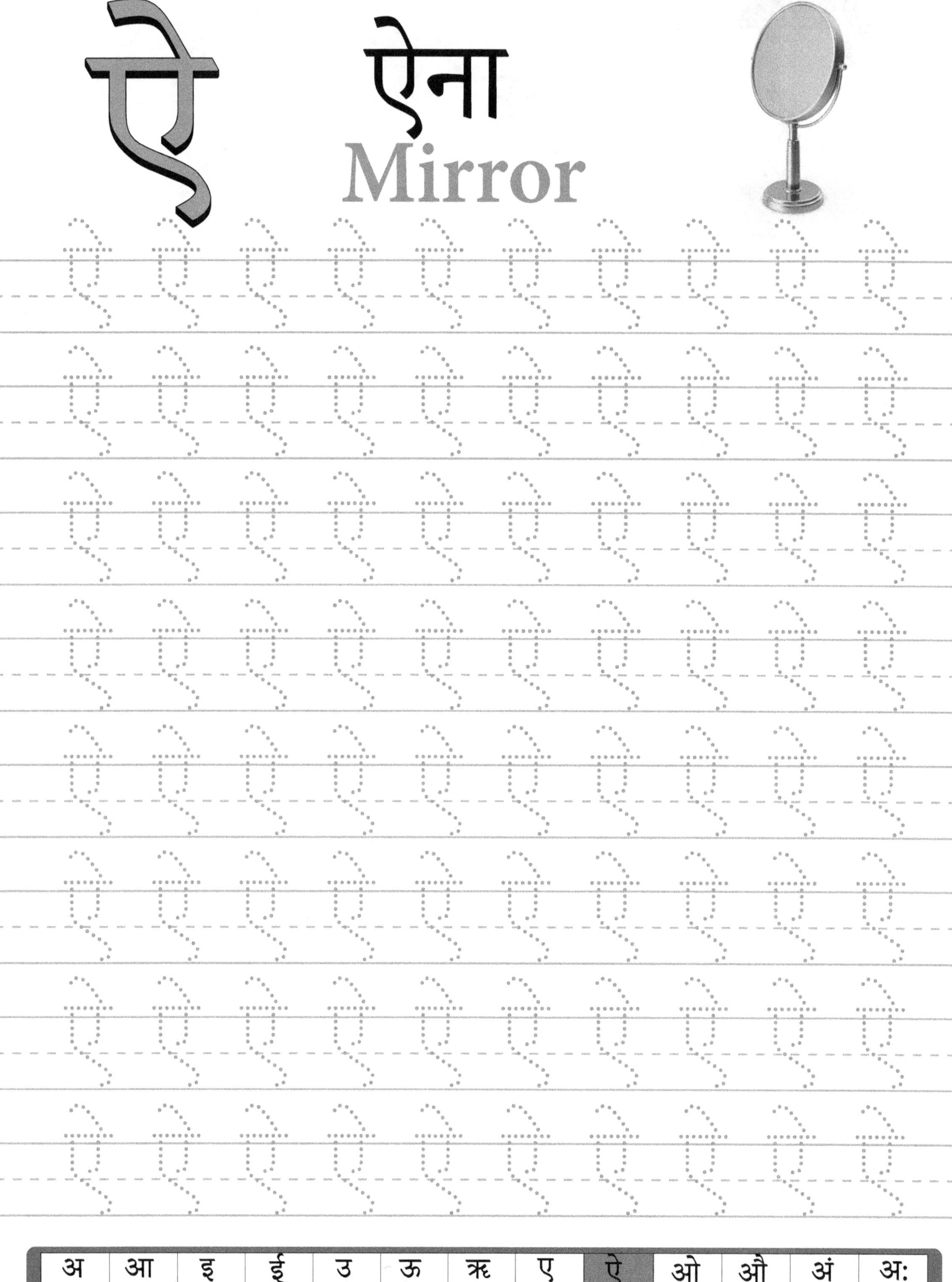

ऐ
ऐना
Mirror

अ आ इ ई उ ऊ ऋ ए ऐ ओ औ अं अः

ओखर

Walnut

अ	आ	इ	ई	उ	ऊ	ऋ	ए	ऐ	ओ	औ	अं	अः

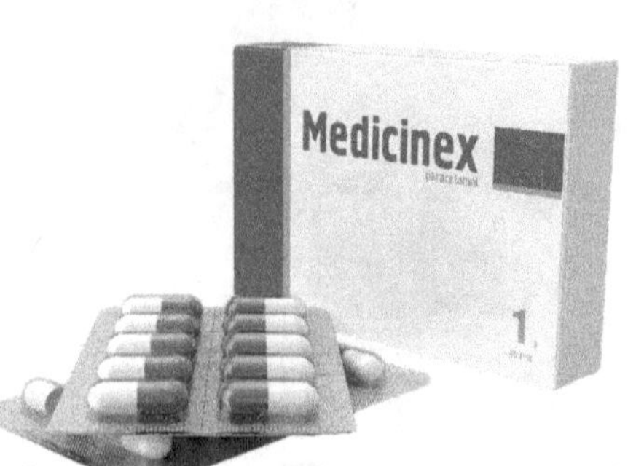

औ

औषधी
Medicine

| अ | आ | इ | ई | उ | ऊ | ऋ | ए | ऐ | ओ | औ | अं | अः |

अंगुर
Grape

| अ | आ | इ | ई | उ | ऊ | ऋ | ए | ऐ | ओ | औ | अं | अः |

अः
Ah
अ आ इ ई उ ऊ ऋ ए ऐ ओ औ अं अः

 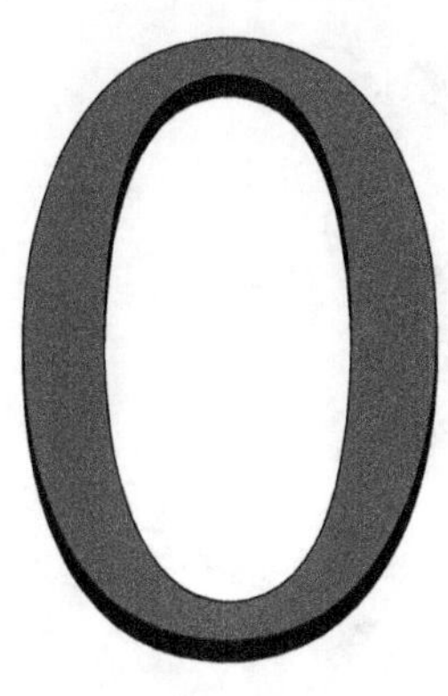

शून्य

Zero

०	१	२	३	४	५	६	७	८	९	१०

एक
One

1

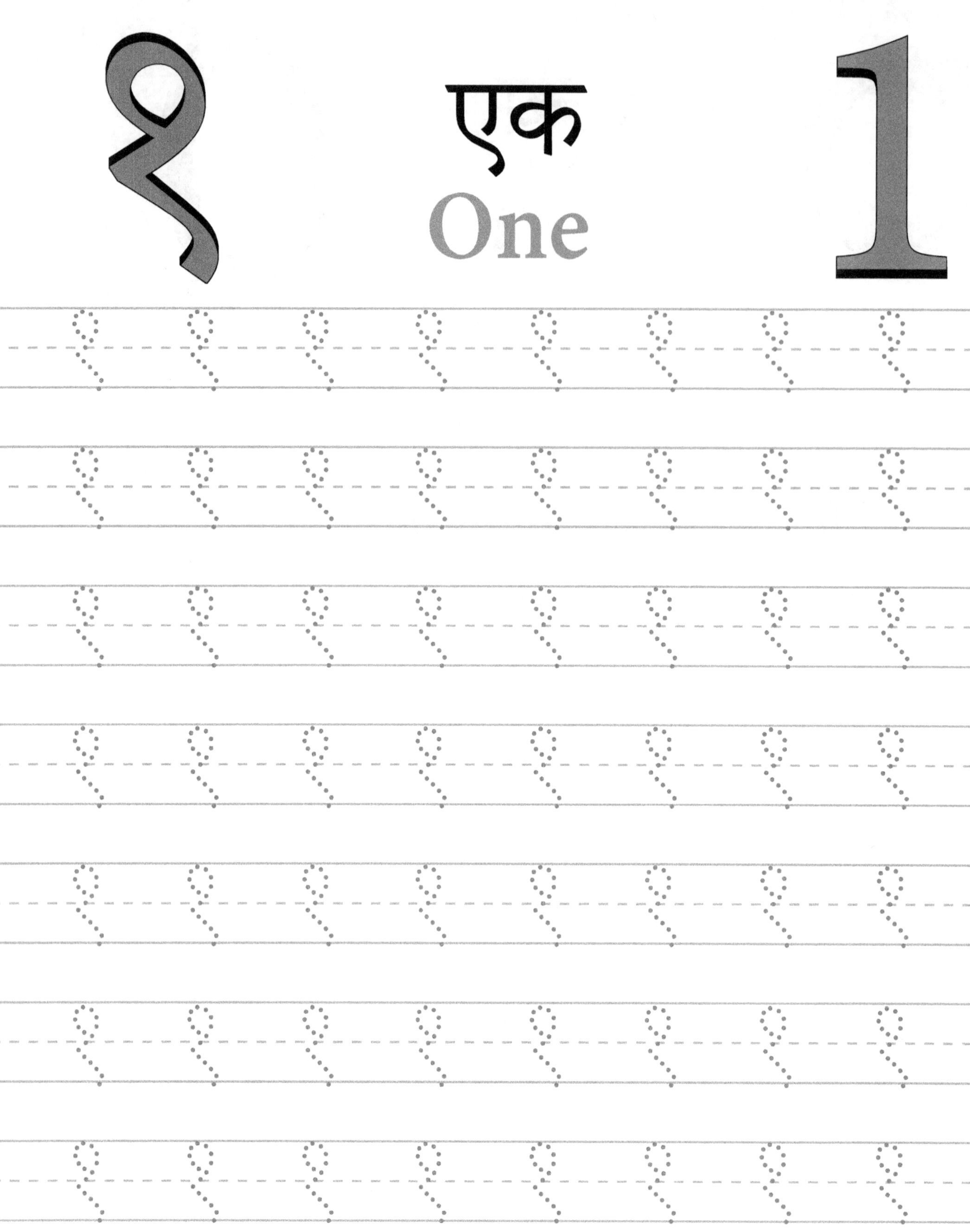

०	१	२	३	४	५	६	७	८	९	१०

दुई
Two

३ तीन
Three

3

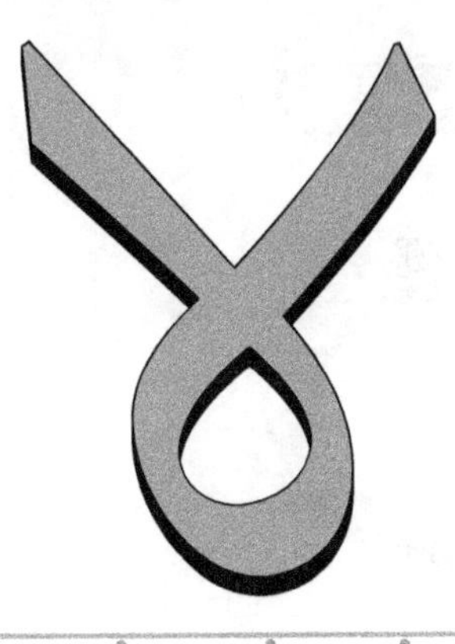

चार
Four

४
पाँच
Five
5

ઇ

છ

Six

6

सात
Seven

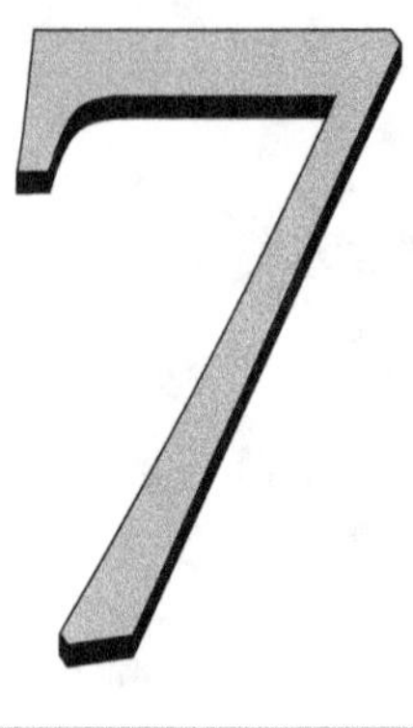

| ० | १ | २ | ३ | ४ | ५ | ६ | ७ | ८ | ९ | १० |

आठ
Eight

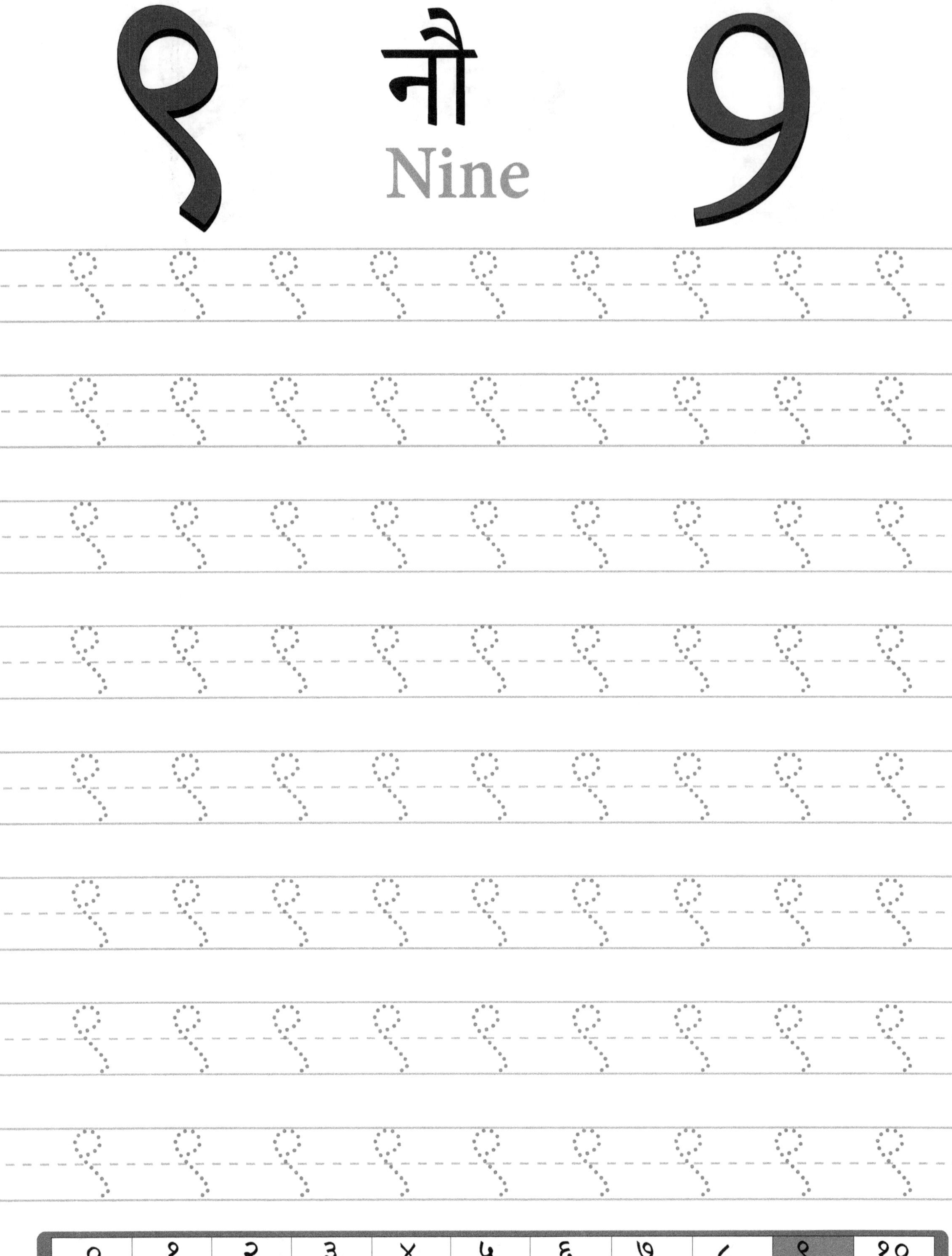

९
नौ
Nine
९
० १ २ ३ ४ ५ ६ ७ ८ ९ १०

१० दस
Ten
10
० १ २ ३ ४ ५ ६ ७ ८ ९ १०

Certificate
of Completion

THIS CERTIFICATE IS PRESENTED TO

HAS SUCCESSFULLY COMPLETED
BHUNTEY BHUNTI NEPALI ALPHABET
TRACING LETTERS AND NUMBERS BOOK.

OFFICIALLY BY

Parent Signature